AF192571

9788416094684

# 400 VERBOS BÁSICOS
# DEL INGLÉS

**Verbos regulares e irregulares**

**Autores:** Elizabeth Noone y Paul Merret

**Concepto original:** Richard Brown
**Edición y coordinación del proyecto:** Annie Casasus y
Rubén Palomero
**Diseño y maquetación:** ZAC diseño gráfico

© Vaughan Systems S.L., 2014
C/ Orense 69, 1ª planta
28020 Madrid
Tel.: 91 444 58 44
Fax: 91 444 58 36
www.vaughantienda.com

Depósito legal: B-26152-2014
Impreso en España / Printed in Spain
Imprenta: Rotäbook
© Vaughan Systems S.L., Madrid – 2014.

# Verbos irregulares

**01** **ARISE** **AROSE** **ARISEN** SURGIR
/aráis/ /aroús/ /arísennn/

| Surgirá la necesidad. | The need will arise. |
| Surgió el problema. | The problem arose. |
| Ha surgido un asunto. | An issue has arisen. |

**02** **BE** **WAS** **BEEN** SER
/bíi/ /uós/ /bíinnn/ 1

| Soy fuerte. | I am strong. |
| Él era un buen estudiante. | He was a good student. |
| Ha sido mi profesora durante un tiempo. | She's been my teacher for a while. |

**03** **BE** **WERE** **BEEN** SER
/bíi/ /uée/ /bíinnn/ 2

| Beth es alta. | Beth is tall. |
| Eran unas niñas sensatas. | They were sensible girls. |
| Marta siempre ha sido una niña muy alegre. | Marta has always been a cheerful girl. |

**04** | **BE** | **WAS** | **BEEN** | ESTAR
| /bíi/ | /uós/ | /bíinnn/ | 3

| Él está enfadado. | He is angry. |
| Ella me estaba ayudando. | She was helping me. |
| Hemos estado escuchándoles. | We've been listening to them. |

**05** | **BE** | **WERE** | **BEEN** | ESTAR
| /bíi/ | /uée/ | /bíinnn/ | 4

| Estamos aquí. | We are here. |
| Estuvieron allí. | They were there. |
| Él ha estado esperando. | He's been waiting. |

**06** | **BEAT** | **BEAT** | **BEATEN** | BATIR
| /bíittt/ | /bíittt/ | /bíitttennn/ | 1

| Bata los huevos con un tenedor. | Beat the eggs with a fork. |
| Batí los huevos rápidamente. | I beat the eggs quickly. |
| George todavía no ha batido los huevos. | George hasn't beaten the eggs yet. |

**07**

| BEAT | BEAT | BEATEN | GANAR A ALGUIEN |
|------|------|--------|-----------------|
| /bíittt/ | /bíittt/ | /bíitttennn/ | 2 |

| | |
|---|---|
| No puedo ganarle al ajedrez. | I can't beat him at chess. |
| Ella le ganó al tenis. | She beat him at tennis. |
| ¡He ganado al tenis a todos los de aquí! | I've beaten everyone here at tennis! |

**08**

| BEAT | BEAT | BEATEN | SACUDIR |
|------|------|--------|---------|
| /bíittt/ | /bíittt/ | /bíitttennn/ | 3 |

| | |
|---|---|
| Sacude la manta con un palo. | Beat the blanket with a stick. |
| Sacudí la moqueta porque estaba llena de polvo. | I beat the carpet because it was dusty. |
| Han sacudido la alfombra con un palo. | They've beaten the rug with a stick. |

**09**

| BECOME | BECAME | BECOME | LLEGAR A SER |
|--------|--------|--------|--------------|
| /bikáammm/ | /bikéimmm/ | /bikáammm/ | 1 |

| | |
|---|---|
| Llegará a ser presidente. | He will become president. |
| Llegó a ser el Director General de Pepsi. | He became the CEO of Pepsi. |
| ¿Ha llegado a ser músico como él quería? | Has he become a musician like he wanted to? |

## 10 BECOME    BECAME    BECOME    HACERSE
/bikáammm/    /bikéimmm/    /bikáammm/    2

| | |
|---|---|
| Se harán amigos. | They'll become friends. |
| Me hice sacerdote. | I became a priest. |
| Nos hemos hecho más fuertes. | We've become stronger. |

## 11 BEGIN    BEGAN    BEGUN    EMPEZAR
/biggguínnn/    /bigggánnn/    /bigggáannn/

| | |
|---|---|
| Voy a empezar. | I'm going to begin. |
| Empecé un nuevo régimen el mes pasadc. | I began a new diet last month. |
| Ana ha empezado una nueva vida. | Ana has begun a new life. |

## 12 BEND    BENT    BENT    DOBLAR
/benddd/    /benttt/    /benttt/

| | |
|---|---|
| No dobles la regla. | Don't bend the ruler. |
| John dobló la barra. | John bent the rod. |
| Ella no ha doblado la regla. | She hasn't bent the ruler. |

## 13 BET BET BET APOSTAR
/bettt/ /bettt/ /bettt/

| | |
|---|---|
| Tú no apuestas a menudo. | You don't bet very often. |
| Ella apostó por el caballo ganador. | She bet on the winning horse. |
| No han apostado nada de dinero en eso. | They haven't bet any money on it. |

## 14 BID BID BID PUJAR
/biddd/ /biddd/ /biddd/

| | |
|---|---|
| No pujes por eso si no puedes permitírtelo. | Don't bid for it if you can't afford it. |
| Pujé por esas antigüedades. | I bid for those antiques. |
| He pujado demasiado por el cuadro. | I've bid too much money for the painting. |

## 15 BIND BOUND BOUND ENCUADERNAR
/báinddd/ /báunddd/ /báunddd/

| | |
|---|---|
| Debes encuadernar tu proyecto. | You need to bind your project. |
| Yo encuaderné mi proyecto final ayer. | I bound my final project yesterday. |
| Todavía no he encuadernado las hojas. | I haven't bound the pages yet. |

**16**

| BITE | BIT | BITTEN | PICAR |
|------|-----|--------|-------|
| /báittt/ | /bittt/ | /bítttennn/ | 1 |

| | |
|---|---|
| Ese bicho no pica. | **That bug doesn't bite.** |
| Ese insecto le picó (a ella). | **That insect bit her.** |
| Me ha picado un mosquito. | **I've been bitten by a mosquito.** |

**17**

| BITE | BIT | BITTEN | MORDER |
|------|-----|--------|--------|
| /báittt/ | /bittt/ | /bítttennn/ | 2 |

| | |
|---|---|
| El perro no muerde. | **The dog doesn't bite.** |
| El loro me mordió. | **The parrot bit me.** |
| El gato no me ha mordido. | **The cat hasn't bitten me.** |

**18**

| BLEED | BLED | BLED | SANGRAR |
|-------|------|------|---------|
| /blíiddd/ | /bleddd/ | /bleddd/ | |

| | |
|---|---|
| Sangrará si te rascas. | **It'll bleed if you scratch it.** |
| Le sangró la nariz durante cinco minutos. | **Her nose bled for five minutes.** |
| Su rodilla no ha sangrado hoy. | **Her knee hasn't bled today.** |

**19**    **BLOW**      **BLEW**      **BLOWN**      SOPLAR
/bloú/      /blúu/      /bloúnnn/      **1**

| | |
|---|---|
| No soples las migas por todo el suelo. | Don't blow the crumbs onto the floor. |
| Soplé la harina y cayó sobre la alfombra. | I blew the flour onto the carpet. |
| Ella ha soplado sus uñas para secarlas. | She's blown on her nails to dry them. |

**20**    **BLOW**      **BLEW**      **BLOWN**      DESAPROVECHAR
/bloú/      /blúu/      /bloúnnn/      **2**

| | |
|---|---|
| Ésta es tu última oportunidad. ¡No la desaproveches! | This is your last chance. Don't blow it! |
| ¡Desaprovechamos esa oportunidad! | We blew that opportunity! |
| Juan ha desaprovechado la oportunidad de su vida. | Juan's blown a once-in-a-lifetime opportunity. |

**21**    **BREAK**      **BROKE**      **BROKEN**      ROMPER
/bréik/      /broúk/      /broúkennn/      **1**

| | |
|---|---|
| No rompas el cristal. | Don't break the glass. |
| Rompimos la pantalla. | We broke the screen. |
| Han roto la ventana. | They've broken the window. |

**22** **BREAK** /bréik/    **BROKE** /broúk/    **BROKEN** /broúkennn/    BATIR (UN RÉCORD)   2

| | |
|---|---|
| No puedo batir ese récord. | I can't break that record. |
| Paul batió el récord del mundo. | Paul broke the world record. |
| Ella ha batido el récord del estado. | She's broken the state record. |

**23** **BREED** /bríiddd/    **BRED** /breddd/    **BRED** /breddd/    CRIAR

| | |
|---|---|
| Lucía cría caballos. | Lucía breeds horses. |
| El año pasado criamos pollos. | We bred chickens last year. |
| El granjero ha criado muchas vacas este año. | The farmer has bred a lot of cows this year. |

**24** **BRING** /bring/    **BROUGHT** /bróottt/    **BROUGHT** /bróottt/    TRAER

| | |
|---|---|
| Tráete vino a la fiesta. | Bring some wine to the party. |
| Traje una tarta al picnic. | I brought a cake to the picnic. |
| Él ha traído unas galletas al trabajo. | He's brought some cookies to work. |

## 25

**BROADCAST\***    **BROADCAST**    **BROADCAST**    RETRANSMITIR
/bróodddcasssttt/   /bróodddcasssttt/   /bróodddcasssttt/

¡No puedes retransmitir eso!     You can't broadcast that!

Retransmitieron las noticias a las 5     They broadcast the news at 5pm.
de la tarde.

¿Han retransmitido ya el vídeo?     Have they broadcast the video yet?

## 26

**BUILD**      **BUILT**      **BUILT**      CONSTRUIR
/bilddd/      /biltttt/      /biltttt/

Quiero construirme una casa allí.     I want to build a house there.

El año pasado construimos el     We built the garage last year.
garaje.

Tim no ha construido hoy ningún     Tim hasn't built any sandcastles
castillo de arena.     today.

## 27

**BURN\***      **BURNT**      **BURNT**      QUEMARSE
/béennn/      /béennnttt/      /béennnttt/      1

Me quemo con facilidad al sol.     I burn easily in the sun.

Él se quemó el dedo ayer por la     He burnt his finger last night.
noche.

¡Me acabo de quemar la mano!     I've just burnt my hand!

## 28

**BURN***      **BURNT**      **BURNT**      **ARDER**

/béennn/      /béennnttt/      /béennnttt/      2

| | |
|---|---|
| La madera arde con facilidad. | **Wood burns easily.** |
| La hoja de papel ardió rápidamente. | **The sheet of paper burnt quickly.** |
| La casa ha ardido entera. | **The house has burnt to the ground.** |

## 29

**BURST**      **BURST**      **BURST**      **REVENTAR**

/béesssttt/      /béesssttt/      /béesssttt/

| | |
|---|---|
| La tubería no reventará. | **The pipe won't burst.** |
| Reventé la burbuja. | **I burst the bubble.** |
| Ella ha reventado un globo. | **She's burst a balloon.** |

## 30

**BUY**      **BOUGHT**      **BOUGHT**      **COMPRAR**

/bái/      /bóottt/      /bóottt/

| | |
|---|---|
| Quiero comprarme unos zapatos. | **I want to buy some shoes.** |
| Me compré un reloj. | **I bought myself a watch.** |
| Se acaban de comprar un coche nuevo. | **They've just bought a new car.** |

**31** **CATCH** **CAUGHT** **CAUGHT** COGER
/cach/ /cóottt/ /cóottt/ 1

| | |
|---|---|
| Cojo frío con facilidad. | I catch colds easily. |
| Jane cogió la gripe el mes pasado. | Jane caught the flu last month. |
| Creo que Simon ha cogido una infección. | I think Simon's caught an infection. |

**32** **CATCH** **CAUGHT** **CAUGHT** PILLAR
/cach/ /cóottt/ /cóottt/ 2

| | |
|---|---|
| La policía pilla a muchos criminales todos los años. | The police catch a lot of criminals every year. |
| Le pillé robando manzanas. | I caught him stealing apples. |
| Les han pillado robando bicicletas. | They've been caught stealing bikes. |

**33** **CHOOSE** **CHOSE** **CHOSEN** ELEGIR
/chúus/ /choús/ /choúsennn/

| | |
|---|---|
| Yo siempre elijo la verde. | I always choose the green one. |
| Él eligió el coche rojo. | He chose the red car. |
| Hemos elegido la carrera más adecuada. | We've chosen the right career. |

## 34 CLING     CLUNG     CLUNG     AFERRARSE
/cling/     /cláang/     /cláang/

Siempre me aferro a la esperanza.

I always cling on to hope

El gato se aferró al árbol.

The cat clung to the tree.

Se han aferrado a la esperanza de que estén bien.

They've clung on to the hope that they'll be ok.

## 35 COME     CAME     COME     VENIR
/káammm/     /kéimmm/     /káammm/

Vengo aquí todos los días.

I come here every day.

Adam vino a España el año pasado.

Adam came to Spain last year.

Hasta ahora, ella no ha venido a ninguna reunión.

She hasn't come to any meetings so far.

## 36 COST     COST     COST     COSTAR
/cosssttt/     /cosssttt/     /cosssttt/

Cuesta mucho aparcar en Nueva York.

It costs a lot to park in New York.

El coche me costó mucho dinero.

The car cost me a lot of money.

No ha costado mucho construir la iglesia.

It hasn't cost a lot to build the church.

**37** **CUT**     **CUT**     **CUT**     CORTAR
/cáattt/     /cáattt/     /cáattt/

| | |
|---|---|
| Siempre corto los vegetales con ese cuchillo. | I always cut vegetables with that knife. |
| Corté la zanahoria con un cuchillo afilado. | I cut the carrot with a sharp knife. |
| Todavía no he cortado los vegetales. | I haven't cut the vegetables yet. |

**38** **DAYDREAM\***     **DAYDREAMT**     **DAYDREAMT**     SOÑAR DESPIERTO
/déidriimmm/     /déidremmmttt/     /déidremmmttt/

| | |
|---|---|
| Sueño despierta con él. | I daydream about him. |
| Me pasé el día soñando despierto contigo. | I daydreamt all day about you. |
| Ella ha estado soñando despierta con eso toda la semana. | She's daydreamt about it all week. |

**39** **DEAL**     **DEALT**     **DEALT**     DAR / REPARTIR (CARTAS)
/diial/     /delttt/     /delttt/

| | |
|---|---|
| Me toca a mí repartir las cartas. | It's my turn to deal the cards. |
| Tú repartiste las cartas la última vez. | You dealt the cards last time. |
| Todavía no he repartido las cartas. | I haven't dealt the cards yet. |

**40** **DIG** **DUG** **DUG** CAVAR
/diggg/ /dáaggg/ /dáaggg/

| | |
|---|---|
| Tienes que cavar un agujero. | **You need to dig a hole.** |
| Ayer cavé un hoyo muy profundo. | **I dug a deep hole yesterday.** |
| He cavado un hoyo para el árbol. | **I've dug a hole for the tree.** |

**41** **DISPROVE\*** **DISPROVED** **DISPROVEN** REFUTAR
/disssprúuvvv/ /disprúuvvvddd/ /disssprúuvvvennn/

| | |
|---|---|
| No puedo refutar esa teoría. | **I can't disprove that theory.** |
| Él refutó mi tesis con su teoría. | **He disproved my thesis with his theory.** |
| Ella ha refutado todas mis hipótesis. | **She's disproven all my hypotheses.** |

**42** **DIVE\*** **DOVE** **DIVED** TIRARSE DE CABEZA
/dáivvv/ /doúvvv/ /dáivvvddd/ 1

| | |
|---|---|
| No sé tirarme bien de cabeza. | **I can't dive properly.** |
| Anna se tiró de cabeza en las aguas cristalinas. | **Anna dove into the clear blue water.** |
| Se han tirado de cabeza al mar. | **They've dived into sea.** |

**43** **DIVE\*** /dáivvv/    **DOVE** /doúvvv/    **DIVED** /dáivvvddd/    **BUCEAR** 2

| | |
|---|---|
| Buceo como pasatiempo. | I dive as a hobby. |
| Buceé sin la botella de oxígeno. | I dove without my oxygen tank. |
| Ellos no han buceado en el Océano Índico. | They haven't dived in the Indian Ocean. |

**44** **DO** /dúu/    **DID** /diddd/    **DONE** /dáannn/    **HACER**

| | |
|---|---|
| Hago lo que puedo. | I do what I can. |
| Hice todo lo que pude para ayudar. | I did what I could to help. |
| Hemos hecho todo lo posible. | We've done everything possible. |

**45** **DRAW** /dróo/    **DREW** /drúu/    **DRAWN** /dróonnn/    **DIBUJAR**

| | |
|---|---|
| Dibujo porque me gusta. | I draw pictures because I like to. |
| Él dibujó una puesta de sol. | He drew a picture of a sunset. |
| Elena ha dibujado un retrato tuyo. | Elena has drawn a picture of you. |

**46 DREAM\*** DREAMT DREAMT SOÑAR
/dríimmm/ /dremmmttt/ /dremmmttt/

Sueño con eso todas las noches. I dream **about it every night.**

Soñé contigo ayer por la noche. I dreamt **about you last night.**

He soñado con eso tantas veces. I've dreamt **about it so many times.**

**47 DRINK** DRANK DRUNK BEBER
/drink/ /drank/ /dráank/

Nunca bebo bebidas con gas. I never **drink fizzy drinks.**

Ayer bebí muchísima agua. I drank **a lot of water yesterday.**

No he bebido nada de café esta semana. I haven't drunk **any coffee this week.**

**48 DRIVE** DROVE DRIVEN CONDUCIR
/dráivvv/ /droúvvv/ /drívvvennn/

Siempre conduzco con cuidado. I drive **carefully all the time.**

Él condujo rápidamente. He drove **quickly.**

Ya he conducido ese coche antes. I've driven **that car before.**

**49** | **EAT** | **ATE** | **EATEN** | COMER
/íittt/ | /ettt/ | /íitttennn/

| Como tres veces al día. | I eat three meals a day. |
| Ayer comí demasiado. | I ate too much yesterday. |
| Nunca he comido pulpo. | I've never eaten octopus. |

**50** | **FALL** | **FELL** | **FALLEN** | CAERSE
/fóol/ | /fel/ | /fóolennn/

| Las hojas se caen en otoño. | Leaves fall in the autumn. |
| El invierno pasado cayó mucha nieve. | A lot of snow fell last winter. |
| Acabo de caerme al suelo. | I've just fallen onto the floor. |

**51** | **FEED** | **FED** | **FED** | DAR DE COMER
/fíiddd/ | /feddd/ | /feddd/

| Tienes que dar de comer al perro. | You have to feed the dog. |
| Dí de comer al gato antes de irme a dormir. | I fed the cat before I went to bed. |
| Todavía no han dado de comer a los peces. | They haven't fed the fish yet. |

| **52** | **FEEL** | **FELT** | **FELT** | ENCONTRARSE |
|---|---|---|---|---|
| | /fíial/ | /felttt/ | /felttt/ | 1 |

| | |
|---|---|
| Me encuentro bien. | I feel good. |
| John se encontró mal. | John felt bad. |
| Ella ya se ha encontrado peor otras veces. | She's felt worse than this. |

| **53** | **FEEL** | **FELT** | **FELT** | SENTIRSE |
|---|---|---|---|---|
| | /fíial/ | /felttt/ | /felttt/ | 2 |

| | |
|---|---|
| Se siente orgullosa. | She feels proud. |
| Me sentí traicionado. | I felt betrayed. |
| Últimamente se han sentido más confiados. | They've felt more confident lately. |

| **54** | **FIGHT** | **FOUGHT** | **FOUGHT** | LUCHAR |
|---|---|---|---|---|
| | /fáittt/ | /fóottt/ | /fóottt/ | 1 |

| | |
|---|---|
| Yo lucho por mis derechos. | I fight for my rights. |
| Luchamos por nuestra dignidad. | We fought for our dignity. |
| Han luchado por su libertad. | They've fought for their freedom. |

| 55 | **FIGHT** | **FOUGHT** | **FOUGHT** | PELEAR |
|----|-----------|-----------|-----------|--------|
|    | /fáittt/  | /fóottt/  | /fóottt/  | 2 |

| No me gusta pelear. | I don't like to fight. |
|---------------------|------------------------|
| Se pelearon como niños. | They fought like kids. |
| No nos hemos peleado desde hace mucho tiempo. | We haven't fought for a long time. |

| 56 | **FIND** | **FOUND** | **FOUND** | ENCONTRAR |
|----|----------|-----------|-----------|-----------|
|    | /fáinnnddd/ | /fáunnnddd/ | /fáunnnddd/ | |

| No encuentro las pilas. | I can't find the batteries. |
|-------------------------|-----------------------------|
| Encontré el libro bajo la mesa. | I found the book under the table. |
| Annie no ha encontrado una solución. | Annie hasn't found a solution. |

| 57 | **FIT\*** | **FIT** | **FIT** | CABER |
|----|-----------|---------|---------|-------|
|    | /fittt/   | /fittt/ | /fittt/ | 1 |

| Las cajas caben en el camión. | The boxes fit into the truck. |
|-------------------------------|-------------------------------|
| El coche cabía en el garaje. | The car fit into the garage. |
| Han cabido sin problemas. | They've fit without any problems. |

**58** **FIT\*** FIT FIT QUEDAR (LA ROPA)
/fittt/ /fittt/ /fittt/ 2

El zapato me queda perfectamente. **The shoe fits perfectly.**

Este traje no me quedaba bien cuando estaba más gorda. **This dress didn't fit me when I was fatter.**

Estos pantalones nunca me han quedado bien. **These trousers have never fit me.**

**59** **FLEE** FLED FLED HUIR / ESCAPARSE
/flíi/ /fleddd/ /fleddd/

Uno de estos días me escaparé de la ciudad. **One of these days I will flee the city.**

Huyó después de que le amenazaran. **He fled after they threatened him.**

Hemos huido de nuestro país. **We've fled from our country.**

**60** **FLY** FLEW FLOWN VOLAR
/flái/ /flúu/ /floúnnn/

Los pájaros vuelan. **Birds fly.**

El águila volaba muy rápido. **The eagle flew very fast.**

Ese canario nunca ha volado. **That canary has never flown.**

**61** **FORBID** /fobíddd/ **FORBADE** /fobéiddd/ **FORBIDDEN** /fobídddennn/ `PROHIBIR`

| | |
|---|---|
| Te prohíbo que le veas. | I forbid you from seeing him. |
| Ella me prohibió fumar. | She forbade me from smoking. |
| Ella no le ha prohibido entrar. | She hasn't forbidden him from entering. |

**62** **FORECAST*** /fóocasssttt/ **FORECAST** /fóocasssttt/ **FORECAST** /fóocasssttt/ `PRONOSTICAR`

| | |
|---|---|
| El hombre del tiempo pronostica lluvia. | The weatherman forecasts rain. |
| Pronosticaron una subida de las ventas. | They forecast a rise in sales. |
| Hemos pronosticado un huracán. | We've forecast a hurricane. |

**63** **FORESEE** /foosssíi/ **FORESAW** /foossssóo/ **FORESEEN** /foosssíinnn/ `PREVER`

| | |
|---|---|
| Preveo un desastre. | I can foresee a disaster. |
| Él previó el crecimiento de la demanda. | He foresaw the increase in demand. |
| Hemos previsto un cambio en la tendencia. | We've foreseen a change in trends. |

**64** **FORETELL** **FORETOLD** **FORETOLD** PREDECIR
/footél/ /footólddd/ /footólddd/

| Yo puedo predecir el futuro. | I can foretell the future. |
| Él cree que predijo el futuro. | He thinks he foretold the future. |
| El futuro no puede predecirse. | The future cannot be foretold. |

**65** **FORGET** **FORGOT** **FORGOTTEN** OLVIDAR
/foguéttt/ /fogóttt/ /fogótttennn/

| No te olvides el abrigo. | Don't forget your coat. |
| Me olvidé la maleta. | I forgot my suitcase. |
| ¿Te has olvidado el paraguas? | Have you forgotten your umbrella? |

**66** **FORGIVE** **FORGAVE** **FORGIVEN** PERDONAR
/foguívvv/ /foguéivvv/ /foguívvvennn/

| Por favor, perdóname. | Please, forgive me. |
| Le perdoné hace ya un tiempo. | I forgave him a while ago. |
| Ella por fin me ha perdonado. | She's finally forgiven me. |

**67** **FORSAKE** **FORSOOK** **FORSAKEN** ABANDONAR
/fooséik/ /foosúk/ /fooséikennn/

| Yo no te abandonaré. | I won't forsake you. |
| Les abandonamos. | We forsook them. |
| ¿Por qué me has abandonado? | Why have you forsaken me? |

---

**68** **FREEZE** **FROZE** **FROZEN** CONGELAR
/friis/ /froús/ /froúsennn/

| Congela estos filetes. | Freeze these steaks. |
| Congelé las hamburguesas. | I froze the hamburgers. |
| ¿Has congelado el pavo? | Have you frozen the turkey? |

---

**69** **GET** **GOT** **GOT**[n] OBTENER / CONSEGUIR
/guéttt/ /gottt/ /gottt/
1

| Puedo conseguir un seguro barato. | I can get cheap insurance. |
| ¡Conseguimos entradas! | We got some tickets! |
| Hemos conseguido unas entradas estupendas. | We've got some great seats. |

**Nota:** Observa que *"got"* es el participio empleado en U.K. mientras que *"gotten"* se utiliza en U.S.A.

## 70

**GET** /guéttt/    **GOT** /gottt/    **GOTTEN**[n] /gótttennn/    OBTENER / CONSEGUIR 2

| | |
|---|---|
| Obtenemos resultados con mucha rapidez. | **We get results very quickly.** |
| Él consiguió más información en Internet. | **He got more information on the Internet.** |
| Ella ha obtenido un premio. | **She's gotten a prize.** |

**Nota:** Observa que *"gotten"* es el participio empleado en U.S.A. mientras que *"got"* se utiliza en U.K.

## 71

**GIVE** /guívvv/    **GAVE** /guéivvv/    **GIVEN** /guívvvennn/    DAR 1

| | |
|---|---|
| ¿Puedes darme un bolígrafo, por favor? | **Please, can you give me a pen?** |
| Me dieron algunos consejos. | **They gave me some advice.** |
| Te han dado otra oportunidad. | **You've been given another chance.** |

## 72

**GIVE** /guívvv/    **GAVE** /guéivvv/    **GIVEN** /guívvvennn/    CONCEDER 2

| | |
|---|---|
| Le concederán un trofeo (a él). | **They'll give him a trophy.** |
| Le concedieron un pasaporte (a ella). | **They gave her a passport.** |
| No le han concedido la beca a Marisa. | **They haven't given Marisa the scholarship.** |

**73** | **GIVE** | **GAVE** | **GIVEN** | REGALAR
| /guívvv/ | /guéivvv/ | /guívvvennn/ | 3

¿Crees que debo regalarle un cachorrito? | **Shall I give her a puppy?**

Me regalaron un traje nuevo. | **They gave me a new dress.**

Él me ha regalado flores. | **He's given me some flowers.**

---

**74** | **GO** | **WENT** | **GONE** | IR
| /goú/ | /uénnnttt/ | /gonnn/ | 1

Vete al médico. | **Go to the doctor.**

Ella se fue a comer. | **She went to have lunch.**

Se han ido a casa. | **They've gone home.**

---

**75** | **GO** | **WENT** | **BEEN** | IR
| /goú/ | /uénnnttt/ | /bíinnn/ | 2

Vete a por la tarta. | **Go and get the cake.**

Ella fue a por las bebidas. | **She went and got the drinks.**

Han ido a Francia dos veces. | **They've been to France twice.**

**76** | **GRIND** | **GROUND** | **GROUND** | MOLER
/gráinnnddd/ | /gráunnnddd/ | /gráunnnddd/

| | |
|---|---|
| Los molinos de viento muelen el maíz. | Windmills grind corn. |
| Él molió un poco de café. | He ground some coffee. |
| Han molido toda la pimienta. | They've ground all the pepper. |

**77** | **GROW** | **GREW** | **GROWN** | CRECER
/groú/ | /grúu/ | /groúnnn/ | 1

| | |
|---|---|
| Los bebés crecen muy deprisa. | Babies grow very quickly. |
| El árbol creció lentamente. | The tree grew slowly. |
| ¡Habéis crecido tan rápido! | You've all grown so quickly! |

**78** | **GROW** | **GREW** | **GROWN** | CULTIVAR
/groú/ | /grúu/ | /groúnnn/ | 2

| | |
|---|---|
| Mi tío cultiva maíz. | My uncle grows corn. |
| ¡Cultivé todos estos tomates! | I grew all these tomatoes! |
| Este año he cultivado menos manzanas. | I've grown fewer apples this year. |

**79** **HANG** **HUNG** **HUNG** COLGAR
/hhhang/ /hhháang/ /hhháang/

Cuelgan la ropa en el tendedero. They hang the clothes on the line.

Colgaste el abrigo en la puerta. You hung your coat on the door.

He colgado cuatro cuadros en I've hung four pictures on that wall.
aquella pared.

**80** **HAVE** **HAD** **HAD** TENER
/hhhavvv/ /hhhaddd/ /hhhaddd/

Tengo una casa en Madrid. I have a house in Madrid.

Ana tenía un apartamento en Sevilla. Ana had an apartment in Seville.

Hemos tenido algunas quejas We've had a few complaints lately.
últimamente.

**81** **HEAR** **HEARD** **HEARD** OÍR
/hhhía/ /hhhéeddd/ /hhhéeddd/

Puedo oír un ruido extraño. I can hear a strange noise.

Él oyó el rumor. He heard the rumour.

Ella ha oído muchas mentiras sobre She's heard a lot of lies about her
su novio. boyfriend.

**82** **HIDE** **HID** **HIDDEN** ESCONDER
/hhháiddd/ /hhhiddd/ /hhhídddennn/ 1

¡Esconde la tarta! Hide the cake!

Peter escondió el regalo. Peter hid the present.

Hemos escondido los diamantes. We've hidden the diamonds.

---

**83** **HIDE** **HID** **HIDDEN** OCULTAR
/hhháiddd/ /hhhiddd/ /hhhídddennn/ 2

No les ocultes la verdad. Don't hide the truth from them.

Carmen le ocultó los detalles. Carmen hid the details from him.

Te he ocultado la verdad. I've hidden the truth from you.

---

**84** **HIT** **HIT** **HIT** PEGAR
/hhhittt/ /hhhittt/ /hhhittt/ 1

Pégale si trata de morderte. Hit it if it tries to bite you.

Le pegó muy fuerte por besar a su He hit him very hard for kissing his
novia. girlfriend.

Nunca he pegado a nadie. I've never hit anyone.

## 85 HIT HIT HIT GOLPEAR
/hhhittt/ /hhhittt/ /hhhittt/ 2

| | |
|---|---|
| ¡Él siempre se golpea la cabeza! | He always hits his head! |
| Él se golpeó la rodilla mientras intentaba saltar la valla. | He hit his knee while trying to jump over the fence. |
| ¡Acaba de golpear la mesa furiosa! | She's just hit the table in anger! |

## 86 HOLD HELD HELD SOSTENER
/hhholddd/ /hhhelddd/ /hhhelddd/ 1

| | |
|---|---|
| Por favor, ¿me sostienes el sombrero? | Please, can you hold my hat? |
| Él me sostuvo la bebida. | He held my drink for me. |
| Yo siempre he sostenido la creencia de que eso era verdad. | I've always held the belief that it was true. |

## 87 HOLD HELD HELD MANTENER
/hhholddd/ /hhhelddd/ /hhhelddd/ 2

| | |
|---|---|
| Por favor, manténgase a la espera. | Please, hold the line. |
| Ella mantuvo una reunión importante ayer. | She held an important meeting yesterday. |
| Ellos nunca han mantenido ninguna videoconferencia en inglés. | They've never held a videoconference in English. |

**HOLD** | **HELD** | **HELD** | RETENER / DETENER
/hhholddd/ | /hhhelddd/ | /hhhelddd/ | 3

No podemos detenerlo hasta que tengamos pruebas. | **We can't hold him until we have some proof.**

Ellos le retuvieron una noche en el calabozo. | **They held him in an overnight cell.**

Llevan cinco horas retenidos por los ladrones. | **They've been held for five hours by thieves.**

**HURT** | **HURT** | **HURT** | DOLER
/hhhéettt/ | /hhhéettt/ | /hhhéettt/ | 1

¡Eso duele! | **That hurts!**

Ayer me dolió mucho la cabeza. | **My head hurt a lot yesterday.**

Nunca ha dolido tanto como dolió ayer. | **It's never hurt as much as it hurt yesterday.**

**HURT** | **HURT** | **HURT** | HACER DAÑO
/hhhéettt/ | /hhhéettt/ | /hhhéettt/ | 2

¡No me hagas daño en el brazo! | **Don't hurt my arm!**

Los zapatos me hacían daño. | **The shoes hurt my feet.**

¡Me has hecho daño en la pierna! | **You've hurt my leg!**

**91** **INPUT** **INPUT** **INPUT** INTRODUCIR (DATOS)
/ínputtt/ /ínputtt/ /ínputtt/

Tengo que introducir estos datos. | I need to input this data.

Introdujiste los datos incorrectos. | You input the wrong data.

Ella no ha introducido esos datos todavía. | She hasn't input that data yet.

**92** **KEEP** **KEPT** **KEPT** GUARDAR
/kiip/ /kepttt/ /kepttt/ 1

Guarda el recibo. | Keep the receipt.

Stuart guardó la carta. | Stuart kept the letter.

José ha guardado el secreto. | José's kept the secret.

**93** **KEEP** **KEPT** **KEPT** QUEDARSE (ALGO)
/kiip/ /kepttt/ /kepttt/ 2

¡Quédate el sombrero! ¡A mí no me gusta! | Keep the hat! I don't like it!

Me quedé con el coche después de la separación. | I kept the car after the break-up.

¡Me he quedado con todo el cambio! | I've kept all the change!

## 94

| **KEEP** | **KEPT** | **KEPT** | SEGUIR |
|---|---|---|---|
| /kíip/ | /kepttt/ | /kepttt/ | 3 |

| | |
|---|---|
| ¡Seguid! | **Keep going!** |
| ¡Siguió molestándome! | **He kept bothering me!** |
| He seguido insistiendo, pero sin resultados. | **I've kept insisting, but to no avail.** |

## 95

| **KEEP** | **KEPT** | **KEPT** | MANTENER |
|---|---|---|---|
| /kíip/ | /kepttt/ | /kepttt/ | 4 |

| | |
|---|---|
| ¡Mantén limpia la casa! | **Keep the house clean!** |
| Yo mantenía el baño limpio hasta que llegaste tú. | **I kept the bathroom clean until you came.** |
| Él no ha mantenido la habitación ordenada. | **He hasn't kept the room tidy.** |

## 96

| **KNEEL** | **KNELT** | **KNELT** | ARRODILLARSE |
|---|---|---|---|
| /níial/ | /nelttt/ | /nelttt/ | |

| | |
|---|---|
| No te arrodilles sobre el suelo tan duro. | **Don't kneel on the hard ground.** |
| Me arrodillé sobre la suave arena. | **I knelt on the soft sand.** |
| Nunca me he arrodillado sobre el mármol. | **I've never knelt on marble.** |

## 97 KNIT* KNIT KNIT
/nittt/ /nittt/ /nittt/

**HACER PUNTO**

| | |
|---|---|
| ¡Me encanta hacer punto! | I love to knit! |
| Hice punto la semana pasada para matar el tiempo. | I knit last week to kill time. |
| Nunca he hecho punto. | I've never knit. |

## 98 KNOW KNEW KNOWN
/noú/ /niúu/ /noúnnn/

**SABER**
1

| | |
|---|---|
| Lo sé. | I know. |
| Yo sabía que ella lo había hecho. | I knew she'd done it. |
| Nunca he sabido bailar. | I've never known how to dance. |

## 99 KNOW KNEW KNOWN
/noú/ /niúu/ /noúnnn/

**CONOCER**
2

| | |
|---|---|
| Yo conozco a Jane. | I know Jane. |
| Lo conocía mejor cuando era estudiante. | I knew him better when I was a student. |
| Nunca he conocido a Paul tan bien como tú. | I've never known Paul as well as you do. |

## 100

**LEAD** /líiddd/    **LED** /leddd/    **LED** /leddd/    GUIAR  1

| | |
|---|---|
| Puedo guiarles hasta el río. | I can lead them to the river. |
| El bombero le guió hasta ponerle a salvo. | The fireman led him to safety. |
| He guiado a las víctimas hasta el hospital. | I've led the victims to the hospital. |

## 101

**LEAD** /líiddd/    **LED** /leddd/    **LED** /leddd/    DIRIGIR / GOBERNAR  2

| | |
|---|---|
| Ella dirige bien el país. | She leads the country well. |
| Dirigió las tropas durante la Guerra de Irak. | He led the troops during the Iraq War. |
| Ella ha gobernado el país durante tres mandatos consecutivos. | She's led the country for three consecutive terms. |

## 102

**LEAN\*** /líinnn/    **LEANT** /lennnttt/    **LEANT** /lennnttt/    APOYARSE  1

| | |
|---|---|
| No te apoyes sobre la mesa. | Don't lean on the table. |
| Daniel se apoyó sobre el panel de cristal. | Daniel leant on the glass panel. |
| Yo nunca me he apoyado en esa pared. | I've never leant on that wall. |

**LEAN\***     **LEANT**     **LEANT**     INCLINAR
/líinnn/     /lennnttt/     /lennnttt/     2

| | |
|---|---|
| Inclina la cabeza hacia delante para que pueda cortarte el pelo. | **Lean** your head foward so I can cut your hair. |
| Ella se inclinó sobre la ventana para ver quién pasaba. | She **leant** out of the window to see who was passing by. |
| Él se ha inclinado a un lado para ver qué está haciendo su gato. | He's **leant** to one side to see what his cat's doing. |

**LEAP\***     **LEAPT**     **LEAPT**     SALTAR
/líip/     /lepttt/     /lepttt/

| | |
|---|---|
| Las ranas saltan. | **Frogs leap.** |
| Corrí y salté. | **I ran and leapt.** |
| Él acaba de saltar el muro. | **He's just leapt over the wall.** |

**LEARN\***     **LEARNT**     **LEARNT**     APRENDER
/léennn/     /léennnttt/     /léennnttt/

| | |
|---|---|
| Ésa es una buena manera de aprender. | **That's a good way to learn.** |
| Aprendí inglés en el colegio. | **I learnt English at school.** |
| Ella ha aprendido francés con mucha rapidez. | **She's learnt French very quickly.** |

**106** LEAVE /líivvv/     LEFT /lefttt/     LEFT /lefttt/     **MARCHARSE** 1

| Por favor, márchate. | Please leave. |
| Me fui porque no estaba contento. | I left because I was unhappy. |
| Tom se ha marchado sin haber terminado su trabajo. | Tom's left without having finished his work. |

**107** LEAVE /líivvv/     LEFT /lefttt/     LEFT /lefttt/     **SALIR** 2

| Él sale de su casa muy pronto cada mañana. | He leaves his house very early every morning. |
| Hoy, Ana salió de su apartamento a las siete de la mañana. | Ana left her flat at 7am today. |
| Él ya ha salido. | He's already left. |

**108** LEAVE /líivvv/     LEFT /lefttt/     LEFT /lefttt/     **DEJAR** 3

| No quiero dejarla. | I don't want to leave her. |
| Ella le dejó a él. | She left him. |
| ¡Por fin la he dejado! | I've finally left her! |

**LEND** /lenddd/    **LENT** /lenttt/    **LENT** /lenttt/    PRESTAR

| | |
|---|---|
| No le prestes dinero. | **Don't lend him any money.** |
| Le presté mi colección de DVDs. | **I lent her my DVD collection.** |
| ¿Le has dejado a Sandra tus CDs? | **Have you lent Sandra your CDs?** |

**LET** /lettt/    **LET** /lettt/    **LET** /lettt/    DEJAR 1

| | |
|---|---|
| Deja que jueguen en el jardín. | **Let them play in the garden.** |
| Le he dejado mi bicicleta a John. | **I let John use my bike.** |
| Nunca le he dejado usar mi coche. | **I've never let him use my car.** |

**LET** /lettt/    **LET** /lettt/    **LET** /lettt/    ALQUILAR 2

| | |
|---|---|
| Quiero alquilar estas oficinas. | **I want to let these offices.** |
| Alquilamos nuestra casa cuando nos mudamos. | **We let our house when we moved.** |
| Siempre hemos alquilado casas para ganarnos la vida. | **We've always let houses to make a living.** |

## 112

**LET** /lettt/  **LET** /lettt/  **LET** /lettt/  **PERMITIR** 3

No le permitas conducir el camión.  **Don't let him drive the truck.**

Nos permitieron construir la casa.  **They let us build the house.**

Nunca nos han permitido aparcar aquí.  **They've never let us park here.**

## 113

**LIE** /lái/  **LAY** /léi/  **LAIN** /léinnn/  **TUMBARSE**

Túmbate boca arriba.  **Lie on your back.**

Estuvo tumbado ahí durante horas.  **He lay there for hours.**

Nunca me había tumbado al sol durante tanto tiempo.  **I've never lain in the sun for so long.**

## 114

**LIGHT\*** /láittt/  **LIT** /littt/  **LIT** /littt/  **ENCENDER**

Por favor, ¿puedes encender la vela?  **Please can you light the candle?**

Encendí el farol.  **I lit the lantern.**

¿Has encendido la hoguera?  **Have you lit the campfire?**

## 115 LIP-READ LIP-READ LIP-READ `LEER LOS LABIOS`
/lípriiddd/ /lípreddd/ /lípreddd/

| | |
|---|---|
| Sé leer los labios. | I can lip-read. |
| Él leyó en los labios la conversación del sospechoso. | He lip-read the suspect's conversation. |
| Nunca he leído los labios de nadie en un vídeo. | I've never lip-read someone on a video. |

## 116 LOSE LOST LOST `PERDER`
/lúus/ /losssttt/ /losssttt/

| | |
|---|---|
| ¡No puedes perder! | You can't lose! |
| ¡Perdí mi reloj! | I lost the watch! |
| Nunca he perdido mi teléfono móvil. | I've never lost my mobile phone. |

## 117 MAKE MADE MADE `HACER`
/méik/ /méiddd/ /méiddd/

`1`

| | |
|---|---|
| Quiero hacer algunas tartas. | I want to make some cakes. |
| Joe se hizo la cama. | Joe made his bed. |
| ¿Has hecho más pasteles? | Have you made any more tarts? |

| 118 **MAKE** | **MADE** | **MADE** | FABRICAR |
|---|---|---|---|
| /méik/ | /méiddd/ | /méiddd/ | 2 |

| En mi fábrica, fabricamos carteras. | We make wallets in my factory. |
|---|---|
| En esa fábrica, fabricaron ceniceros durante años. | They made ashtrays in that factory for years. |
| Todos esos juguetes han sido fabricados en Taiwán. | All those toys were made in Taiwan. |

| 119 **MEAN** | **MEANT** | **MEANT** | SIGNIFICAR |
|---|---|---|---|
| /míinnn/ | /mennnttt/ | /mennnttt/ | 1 |

| El verbo *"mean"* significa "significar". | The verb "mean" means *"significar"*. |
|---|---|
| Significó mucho para mí. | It meant a lot to me. |
| La palabra *"actually"* nunca ha significado "actualmente". | The word "actually" has never meant *"actualmente"*. |

| 120 **MEAN** | **MEANT** | **MEANT** | QUERER DECIR |
|---|---|---|---|
| /míinnn/ | /mennnttt/ | /mennnttt/ | 2 |

| ¿Qué quieres decir? | What do you mean? |
|---|---|
| Quería decir otra cosa. | I meant to say something else. |
| He querido decir todo lo que he dicho. | I've meant every word I've said. |

**121** **MEET**  **MET**  **MET**  ENCONTRARSE / VERSE
/míittt/  /mettt/  /mettt/  **1**

| | |
|---|---|
| Te veo fuera del cine. | I'll meet you outside the cinema. |
| Me encontré con ella en la plaza a las 10 de la noche. | I met her in the square at 10pm. |
| Acabo de encontrarme con Joe en la sala de llegadas. | I've just met Joe in the arrivals lounge. |

**122** **MEET**  **MET**  **MET**  CONOCER (POR PRIMERA VEZ)
/míittt/  /mettt/  /mettt/  **2**

| | |
|---|---|
| Me gusta conocer gente nueva. | I like to meet new people. |
| La conocí en un bar. | I met her in a bar. |
| ¡He conocido a tanta gente en este trabajo! | I've met so many people in this job! |

**123** **MISHEAR**  **MISHEARD**  **MISHEARD**  OÍR MAL
/missshhhía/  /missshhhéeddd/  /missshhhéeddd/

| | |
|---|---|
| A veces oigo mal a la gente por teléfono. | Sometimes I mishear people on the phone. |
| Oí mal la noticia sobre el accidente. | I misheard the news about the accident. |
| Creo que me has oído mal. | I think you've misheard me. |

**MISLAY** **MISLAID** **MISLAID** EXTRAVIAR
/missléi/ /misssléiddd/ /misssléiddd/ 1

| | |
|---|---|
| ¡Siempre extravías tus llaves! | You always mislay your keys! |
| Ayer, extravié el cheque. | I mislaid that cheque yesterday. |
| ¡He vuelto a extraviar mi cartera! | I've mislaid my wallet again! |

**MISLAY** **MISLAID** **MISLAID** TRASPAPELAR
/missléi/ /misssléiddd/ /misssléiddd/ 2

| | |
|---|---|
| Él siempre traspapela las cartas importantes. | He always mislays important letters. |
| ¡Ayer traspapelé otro fax! | I mislaid another fax yesterday! |
| ¡He traspapelado otro documento! | I've mislaid another document! |

ENGAÑAR
(VERBALMENTE)
**MISLEAD** **MISLED** **MISLED**
/missslíiddd/ /misssléddd/ /misssléddd/ 1

| | |
|---|---|
| Los hombres tratan de engañarla. | Men try to mislead her. |
| Ella me engañó. | She misled me. |
| ¡Te han engañado, amigo mío! | You've been misled, my friend! |

**127** **MISLEAD** **MISLED** **MISLED** CONFUNDIR (A ALGUIEN)
/missslíiddd/ /misssléddd/ /misssléddd/ 2

¡Ten cuidado! ¡Él intentará confundirte! **Be careful! He'll try and mislead you!**

Su aspecto me confundió. **Her appearance misled me.**

¡Sus encantos (de ella) le han confundido! **Her charms have misled him!**

---

**128** **MISSPELL\*** **MISSPELT** **MISSPELT** ESCRIBIR MAL
/missspél/ /missspélttt/ /missspélttt/

No puedes escribir mal los nombres en documentos oficiales. **You can't misspell names on official documents.**

¡Escribieron mal mi apellido! **They misspelt my surname!**

¡He escrito mal el nombre del Director! **I've misspelt the CEO's name!**

---

**129** **MISTAKE** **MISTOOK** **MISTAKEN** CONFUNDIR (PERSONAS)
/missstéik/ /missstúk/ /missstéikennn/

La gente suele confundirme con alguien famoso. **People often mistake me for someone famous.**

¡Me confundieron contigo! **They mistook me for you!**

¡La he confundido con su hermana! **I've mistaken her for her sister!**

**MISUNDERSTAND   MISUNDERSTOOD   MISUNDERSTOOD**

**ENTENDER MAL** 1

/misssaandassstánddd/   /misssaandassstúddd/   /misssaandassstúddd/

| Siempre le entiendo mal. | I misunderstand him all the time. |
| No se entendieron. | They misunderstood each other. |
| Creo que no he entendido bien las instrucciones. | I think I've misunderstood the instructions. |

**MISUNDERSTAND   MISUNDERSTOOD   MISUNDERSTOOD**

**MALINTER- PRETAR** 2

/misssaandassstánddd/   /misssaandassstúddd/   /misssaandassstúddd/

| Ella a veces malinterpreta sus intenciones. | She misunderstands his intentions sometimes. |
| Carmen lo malinterpretó. Él estaba echándole un piropo. | Carmen misunderstood. He was complimenting her. |
| Hemos malinterpretado sus razones. | We've misunderstood their motives. |

**MOW**          **MOWED**          **MOWN**

**CORTAR (EL CÉSPED)**

/moú/          /moúddd/          /moúnnn/

| Voy a cortar el césped. | I'm going to mow the lawn. |
| Cortó el césped el domingo pasado (él). | He mowed the lawn last Sunday. |
| ¡Hay que cortar este césped! | This lawn needs to be mown! |

## 133 OFFSET    OFFSET    OFFSET    COMPENSAR
/offfssséttt/    /offfssséttt/    /offfssséttt/

| | |
|---|---|
| Quiero compensar las pérdidas de mis acciones. | I want to offset my losses on my shares. |
| Compensé mis pérdidas recortando mi presupuesto. | I offset my losses by making budget cuts. |
| Ana ha compensado las pérdidas de su empresa con su propio dinero. | Ana's offset her company's losses with her own money. |

## 134 OUTBID    OUTBID    OUTBID    PUJAR MÁS QUE
/autbíddd/    /autbíddd/    /autbíddd/

| | |
|---|---|
| ¡Pujemos más que la competencia! | Let's outbid the competitors! |
| ¡Pujé más que él porque soy rico! | I outbid him because I'm rich! |
| ¿A cuántos participantes has superado con tu puja? | How many bidders have you outbid? |

## 135 OUTDO    OUTDID    OUTDONE    SUPERAR (A ALGUIEN)
/autdúu/    /autdíddd/    /autdáannn/

| | |
|---|---|
| Le superaré (a él). | I'll outdo him. |
| Le superé el Día del deporte (a él). | I outdid him on Sports day. |
| ¡Has vuelto a superar a tu primo! | You've outdone your cousin again! |

## 136 OUTGROW — OUTGREW — OUTGROWN — QUEDAR PEQUEÑO

**OUTGROW** /autgroú/  **OUTGREW** /autgrúu/  **OUTGROWN** /autgroúnnn/

| | |
|---|---|
| Algún día, esos pantalones vaqueros me quedarán pequeños. | One day, I'll outgrow these jeans. |
| Con el tiempo, el vestido se le quedó pequeño. | She outgrew that dress eventually. |
| ¡Esta falda se me ha quedado pequeña! | I've outgrown this skirt! |

## 137 OVERCOME — OVERCAME — OVERCOME — SUPERAR

**OVERCOME** /ouvvvakáammm/  **OVERCAME** /ouvvvakéimmm/  **OVERCOME** /ouvvvakáammm/

| | |
|---|---|
| Voy a superar todos mis miedos. | I'm going to overcome all my fears. |
| Él superó su miedo a volar. | He overcame his fear of flying. |
| No he superado mi miedo a las arañas. | I haven't overcome my fear of spiders. |

## 138 OVERDO — OVERDID — OVERDONE — PASARSE

**OVERDO** /ouvvvadúu/  **OVERDID** /ouvvvadíddd/  **OVERDONE** /ouvvvadáannn/

| | |
|---|---|
| ¡No puedo pasarme con el champán! | I can't overdo it on the champagne! |
| ¡Ayer me pasé con el vino! | I overdid it on the wine yesterday! |
| ¿Te has pasado alguna vez con los pasteles? | Have you ever overdone it on cakes? |

**139** **OVEREAT** **OVERATE** **OVEREATEN** COMER EN EXCESO
/ouvvvaríittt/ /ouvvvaréttt/ /ouvvvaríitttennn/

| | |
|---|---|
| Si comes demasiado, ganarás peso. | If you overeat, you'll put on weight. |
| Las Navidades pasadas comí demasiado. | I overate last Christmas. |
| Ella ha comido demasiado y ahora se siente mal. | She's overeaten and now she feels ill. |

**140** **OVERHEAR** **OVERHEARD** **OVERHEARD** OÍR (POR CASUALIDAD)
/ouvvvahía/ /ouvvvahhhéeddd/ /ouvvvahhhéeddd/

| | |
|---|---|
| Siempre les oigo discutir. | I always overhear them arguing. |
| Jake oyó algo interesante por casualidad. | Jake overheard something interesting. |
| Acabo de oír por casualidad un gran secreto. | I've just overheard a big secret. |

**141** **OVERPAY** **OVERPAID** **OVERPAID** PAGAR DEMASIADO
/ouvvvpéi/ /ouvvvapéiddd/ /ouvvvapéiddd/

| | |
|---|---|
| Ese banco paga demasiado a sus directivos. | That bank overpays its managers. |
| Me pagaron 500€ de más el mes pasado. | They overpaid me by €500 last month. |
| Los futbolistas están demasiado bien pagados. | Footballers are grossly overpaid. |

**142** **OVERSEE** **OVERSAW** **OVERSEEN** SUPERVISAR
/ouvvvasíi/ /ouvvvasssóo/ /ouvvvasssíinnn/

| El jefe supervisa mis proyectos. | **The boss** oversees **my projects.** |
| Ana supervisó el proyecto del ingeniero. | **Ana** oversaw **the engineer's project.** |
| No has supervisado la transición. | **You haven't** overseen **the transition.** |

**143** **OVERSLEEP** **OVERSLEPT** **OVERSLEPT** QUEDARSE DORMIDO
/ouvvvassslíip/ /ouvvvassslépttt/ /ouvvvassslépttt/

| Yo nunca me quedo dormido. | **I never** oversleep. |
| Siento haberme quedado dormido esta mañana. | **I'm sorry I** overslept **this morning.** |
| ¡Jaime ha vuelto a quedarse dormido! | **Jaime's** overslept **again!** |

**144** **OVERSPEND** **OVERSPENT** **OVERSPENT** GASTAR MÁS DE LA CUENTA
/ouvvvassspénddd/ /ouvvvassspénttt/ /ouvvvassspénttt/

| Hazte un presupuesto para no gastar más de la cuenta. | **Give yourself a budget so you don't** overspend. |
| ¡Ella gastó más de la cuenta otra vez el mes pasado! | **She** overspent **again last month!** |
| Esta empresa no ha gastado más de la cuenta últimamente. | **This company hasn't** overspent **lately.** |

## 145 OVERTAKE · OVERTOOK · OVERTAKEN — ADELANTAR

**OVERTAKE** · **OVERTOOK** · **OVERTAKEN** — ADELANTAR
/ouvvvatéik/ · /ouvvvatúk/ · /ouvvvatéikennn/

| | |
|---|---|
| No adelantes en esta carretera. | Don't overtake on this road. |
| Adelanté cuando me pareció que era seguro hacerlo. | I overtook when I thought it was safe to do so. |
| Nunca he adelantado a un camión. | I've never overtaken a truck. |

## 146 OVERTHROW · OVERTHREW · OVERTHROWN — DERROCAR

**OVERTHROW** · **OVERTHREW** · **OVERTHROWN** — DERROCAR
/ouvvvazroú/ · /ouvvvazrúu/ · /ouvvvazroúnnn/

| | |
|---|---|
| Quieren derrocar al gobierno. | They want to overthrow the government. |
| La gente derrocó la monarquía. | The people overthrew the monarchy. |
| No hemos derrocado a la reina. | We haven't overthrown the queen. |

## 147 PAY · PAID · PAID — PAGAR

**PAY** · **PAID** · **PAID** — PAGAR
/péi/ · /péiddd/ · /péiddd/

| | |
|---|---|
| Tienes que pagar al taxista. | You have to pay the taxi driver. |
| Pagaste demasiado por esa camisa. | You paid too much for that shirt. |
| Ya les han pagado. | They've already paid them. |

**148 PLEAD\***     **PLED**     **PLED**        **SUPLICAR**
/plíiddd/       /pleddd/       /pleddd/

| | |
|---|---|
| ¡Puedes suplicar todo lo que quieras! | **You can plead all you want!** |
| ¡Supliqué y supliqué y aún así dijo que no! | **I pled and pled but she still said no!** |
| Le han suplicado que no lo haga. | **They've pled him not to do it.** |

**149 PRESET**     **PRESET**     **PRESET**        **PROGRAMAR**
/priissséttt/    /priissséttt/    /priissséttt/

| | |
|---|---|
| Siempre programamos la calefacción. | **We always preset the heating.** |
| Programé la radio para escuchar mi emisora favorita. | **I preset the radio to my favourite station.** |
| ¿Has programado ya el horno? | **Have you preset the oven yet?** |

**150 PROOFREAD**   **PROOFREAD**   **PROOFREAD**    **CORREGIR (UN TEXTO)**
/prúufffriiddd/    /prúufffreddd/    /prúufffreddd/

| | |
|---|---|
| Ella quiere que corrija todas sus traducciones. | **She wants me to proofread all her translations.** |
| Corregí esto y encontré muchos errores. | **I proofread this and found a lot of mistakes.** |
| Iván ha corregido la mayor parte del documento. | **Iván's proofread most of the document.** |

## 151 PROVE*     PROVED      PROVEN                          DEMOSTRAR
/prúuvvv/   /prúuvvvddd/   /prúuvvvennn/

| | |
|---|---|
| ¿Puedes demostrar tu teoría? | **Can you prove your theory?** |
| Le demostré mi amor casándome con ella. | **I proved my love to her by marrying her.** |
| ¿Les has demostrado que puedes hacerlo? | **Have you proven to them that you can do it?** |

## 152 PUT     PUT      PUT                          PONER
/puttt/   /puttt/   /puttt/

| | |
|---|---|
| Ponlo sobre la mesa. | **Put it on the table.** |
| Lo puse en el coche. | **She put it in the car.** |
| Han puesto todo su dinero en la caja fuerte. | **They've put all their money in the safe.** |

## 153 QUIT     QUIT      QUIT                          DEJAR UN HÁBITO
/kuíttt/   /kuíttt/   /kuíttt/
1

| | |
|---|---|
| Puedes dejar el hábito de fumar si tienes suficiente fuerza de voluntad. | **You can quit smoking if you have enough will power.** |
| Dejé de tomar chocolate el año pasado, durante la Cuaresma. | **I quit eating chocolate last year for Lent.** |
| ¿Has dejado de beber alcohol? | **Have you quit drinking alcohol?** |

| **QUIT** | **QUIT** | **QUIT** | DIMITIR /DEJAR UN TRABAJO |
|----------|----------|----------|---------------------------|
| /kuíttt/ | /kuíttt/ | /kuíttt/ | 2 |

| | |
|---|---|
| Quiero dimitir. | I **want to** quit. |
| Él dejó su trabajo la semana pasada. | He quit **his job last week.** |
| ¡Mamá! ¡Acabo de dimitir! | **Mum! I've just** quit **my job!** |

| **READ** | **READ** | **READ** | LEER |
|----------|----------|----------|------|
| /ríiddd/ | /reddd/ | /reddd/ | |

| | |
|---|---|
| James tiene que leer el guión. | **James has to** read **the script.** |
| Ella leyó el contrato antes de firmarlo. | **She** read **the contract before signing it.** |
| He leído esa novela tres veces. | **I've** read **that novel three times.** |

| **REBUILD** | **REBUILT** | **REBUILT** | RECONSTRUIR |
|-------------|-------------|-------------|-------------|
| /riibílddd/ | /riibílttt/ | /riibílttt/ | |

| | |
|---|---|
| Tenemos que reconstruir la iglesia. | **We need to** rebuild **the church.** |
| Reconstruyeron la catedral después del huracán. | **They** rebuilt **the cathedral after the hurricane.** |
| Hemos reconstruido todas las casas en la zona afectada. | **We've** rebuilt **all the houses in the affected area.** |

**157** **REDO** **REDID** **REDONE** VOLVER A HACER
/riidúu/ /riidíddd/ /riidáannn/

Tengo que volver a hacer mi proyecto. **I need to redo my project.**

Andrew volvió a hacer la **Andrew redid the presentation.**
presentación.

He vuelto a hacer mis deberes, **I've redone my homework, Miss.**
señorita.

---

**158** **RELEARN*** **RELEARNT** **RELEARNT** VOLVER A APRENDER
/riiléennn/ /riiléennnttt/ /riiléennnttt/

Se me ha olvidado el poema. Tendré **I've forgotten the poem. I'll have to**
que volver a aprendérmelo. **relearn it.**

Ella vovió a aprender a conducir **She relearnt how to drive after**
porque se había quedado un poco **she'd gotten rusty.**
oxidada.

He vuelto a aprenderlo varias veces. **I've relearnt it several times.**

---

**159** **RELIGHT** **RELIT** **RELIT** VOLVER A ENCENDER
/riiláittt/ /riilíttt/ /riilíttt/

Tienes que volver a encender la vela. **You need to relight the candle.**

Volví a encender el fuego. **I relit the fire.**

Hay que volver a encender el horno. **The oven has to be relit.**

**160** **REMAKE** **REMADE** **REMADE** VOLVER A HACER
/riiméik/ /riiméiddd/ /riiméiddd/

Quieren volver a hacer esa película clásica.

They want to remake that classic film.

Ese director volvió a hacer la película en un estilo moderno.

That director remade the film in a modern style.

Él ha hecho el "remake" de muchas películas durante su carrera.

He's remade a lot of films in his career.

---

**161** **REPAY** **REPAID** **REPAID** CORRESPONDER
/riipéi/ /riipéiddd/ /riipéiddd/ 1

¿Cómo puedo corresponder a tu amabilidad?

How can I repay you for your kindness?

Correspondieron a nuestra ayuda con una tarta.

They repaid us for our help with a cake.

¡No te he correspondido por tu hospitalidad!

I haven't repaid you for your hospitality!

---

**162** **REPAY** **REPAID** **REPAID** DEVOLVER
/riipéi/ /riipéiddd/ /riipéiddd/ 2

No te olvides de devolver ese préstamo.

Don't forget to repay that loan.

Devolví todas mis deudas antes de volver a Canadá.

I repaid all my debts before I moved back to Canada.

¿Le has devuelto el dinero que te prestó?

Have you repaid him the money that he lent you?

# Verbos regulares

**01** **ACCEPT**      **ACCEPTED**      **ACCEPTED**      ACEPTAR
/aksépt/      /akséptiddd/      /akséptiddd/

| | |
|---|---|
| Acepto lo que dices. | I accept what you say. |
| Acepté la oferta de trabajo. | I accepted the job offer. |
| ¿Has aceptado su oferta? | Have you accepted their offer? |

**02** **ADD**      **ADDED**      **ADDED**      AÑADIR
/addd/      /ádddiddd/      /ádddiddd/

| | |
|---|---|
| Ella añade sal a la comida. | She adds salt to her food. |
| Añadió sal a la sopa. | She added salt to the soup. |
| ¿Has añadido sal? | Have you added any salt? |

**03** **ADMIRE**      **ADMIRED**      **ADMIRED**      ADMIRAR
/admáia/      /admáiaddd/      /admáiaddd/

| | |
|---|---|
| Ella admira a sus padres. | She admires her parents. |
| Él admiró el edificio. | He admired the building. |
| Siempre le he admirado. | I've always admired him. |

## 04 ADMIT — ADMITTED — ADMITTED — ADMITIR

**ADMIT** /admíttt/  **ADMITTED** /admítttiddd/  **ADMITTED** /admítttiddd/  **ADMITIR**

|  |  |
|---|---|
| Admito que tienes razón. | I **admit** that you're right. |
| Él lo admitió. | He **admitted** it. |
| Nadie ha admitido haber cometido el crimen. | No one has **admitted** to the crime. |

## 05 ADVISE — ADVISED — ADVISED — ACONSEJAR

**ADVISE** /advvváis/  **ADVISED** /advvváisddd/  **ADVISED** /advvváisddd/  **ACONSEJAR**

|  |  |
|---|---|
| La abogada aconseja a menudo a sus clientes. | The lawyer often **advises** her clients. |
| Nunca te aconsejé que hicieras eso. | I never **advised** you to do that. |
| Ella me ha aconsejado que hable con él. | She's **advised** me to talk to him. |

## 06 AFFORD — AFFORDED — AFFORDED — PERMITIRSE EL LUJO

**AFFORD**[n] /afóoddd/  **AFFORDED** /afóodddiddd/  **AFFORDED** /afóodddiddd/  **PERMITIRSE EL LUJO**

|  |  |
|---|---|
| No puedo permitirme el lujo de tener un coche. | I can't **afford** a car. |
| Él no podía permitírselo. | He couldn't **afford** it. |
| ¿Puedes permitirte ese lujo? | Can you **afford** it? |

**Nota:** Generalmente se usa con el verbo *"can"*/*"to be able to"*.

**07**

| AGREE | AGREED | AGREED | ESTAR DE ACUERDO |
|-------|--------|--------|------------------|
| /agríi/ | /agríiddd/ | /agríiddd/ | |

Él está de acuerdo conmigo. — **He agrees** with me.

Yo estaba de acuerdo con ellos. — **I agreed** with them.

Ella ha estado de acuerdo en ir con ellos. — **She's agreed** to go with them.

**08**

| ALLOW | ALLOWED | ALLOWED | PERMITIR |
|-------|---------|---------|----------|
| /aláu/ | /aláuddd/ | /aláuddd/ | |

Mi padre a veces me permite conducir su coche. — **My dad sometimes allows** me to drive his car.

Él nos permitió utilizarlo. — **He allowed** us to use it.

Se le permitió marcharse (a ella). — **She was allowed** to go.

**09**

| ANALYSE | ANALYSED | ANALYSED | ANALIZAR |
|---------|----------|----------|----------|
| /ánalais/ | /ánalaisddd/ | /ánalaisddd/ | |

Los analistas analizan los mercados. — **Analysts analyse** markets.

Ella analizó la situación. — **She analysed** the situation.

Hemos analizado el plan. — **We've analysed** the plan.

**10** | **ANNOUNCE** | **ANNOUNCED** | **ANNOUNCED** | ANUNCIAR
/anáunsss/ | /anáunsssttt/ | /anáunsssttt/

Él siempre anuncia los resultados. | **He always announces the results.**

¿Quién lo anunció? | **Who announced it?**

Han anunciado el ganador. | **They've announced the winner.**

---

**11** | **ANNOY** | **ANNOYED** | **ANNOYED** | MOLESTAR
/anói/ | /anóiddd/ | /anóiddd/

Él molesta a todo el mundo. | **He annoys everyone.**

Ella le molestó (a él). | **She annoyed him.**

No estés molesto conmigo. | **Don't be annoyed with me.**

---

**12** | **ANSWER** | **ANSWERED** | **ANSWERED** | RESPONDER
/áaansa/ | /áaansaddd/ | /áaansaddd/

1

Los políticos responden a muchas preguntas. | **Politicians answer lots of questions.**

Ella respondió a mi pregunta. | **She answered my question.**

Él no ha respondido todavía. | **He hasn't answered yet.**

**13** **ANSWER** **ANSWERED** **ANSWERED** CONTESTAR
/áaansa/ /áaansaddd/ /áaansaddd/
2

La secretaria contesta el teléfono. The secretary **answers** the phone.

Él contestó la carta. He **answered** the letter.

He contestado su correo electrónico. I've **answered** his email.

---

**14** **APOLOGISE** **APOLOGISED** **APOLOGISED** DISCULPARSE
/apóladllais/ /apólallaisddd/ /apólallaisddd/

Ella nunca se disculpa. She never **apologises**.

Él se disculpó por su He **apologised for** his behaviour.
comportamiento.

Él no se ha disculpado. He hasn't **apologised**.

---

**15** **APPEAR** **APPEARED** **APPEARED** APARECER
/apía/ /apíaddd/ /apíaddd/

Él aparece a menudo en televisión. He often **appears** on television.

Aparecieron de la nada. They **appeared** from nowhere.

Él ha aparecido en televisión. He's **appeared** on television.

**16** | **APPLAUD** | **APPLAUDED** | **APPLAUDED** | APLAUDIR
/aplóoddd/ | /aplóodddiddd/ | /aplóodddiddd/

La muchedumbre aplaude al cantante. | The crowd **applauds** the singer.

Los fans aplaudieron. | The fans **applauded**.

Ha sido muy aplaudido por su discurso. | He was **applauded** for his speech.

---

**17** | **APPRECIATE** | **APPRECIATED** | **APPRECIATED** | AGRADECER
/apríshieittt/ | /apríshieitttiddd/ | /apríshieitttiddd/

Te agradecería que me avisaras con más antelación. | I'd **appreciate** it if you could give me more notice.

Mi madre agradeció mucho el regalo. | My mum really **appreciated** the gift.

Hemos agradecido mucho tu ayuda. | Your help was greatly **appreciated**.

---

**18** | **APPROVE** | **APPROVED** | **APPROVED** | GUSTAR / ESTAR DE ACUERDO
/aprúuvvvv/ | /aprúuvvvvddd/ | /aprúuvvvvddd/ | 1

A su madre le gusta su nuevo novio. | Her mother **approves** of her new boyfriend.

Me gustó lo que él hizo. | I **approved** of what he did.

Nunca he estado de acuerdo con eso. | I've never **approved** of it.

| 19 | APPROVE | APPROVED | APPROVED | APROBAR |
|---|---|---|---|---|
| | /aprúuvvvv/ | /aprúuvvvvddd/ | /aprúuvvvvddd/ | 2 |

| El encargado debe aprobar todos los nuevos proyectos. | The manager has to approve all new projects. |
|---|---|
| Yo aprobé el plan. | I approved the plan. |
| Nunca será aprobado. | It will never be approved. |

| 20 | ARGUE | ARGUED | ARGUED | DISCUTIR |
|---|---|---|---|---|
| | /áaaguiu/ | /áaaguiuddd/ | /áaaguiuddd/ | |

| Discutimos todo el tiempo. | We argue all the time. |
|---|---|
| Discutieron sobre eso. | They argued about it. |
| Han discutido otra vez. | They've argued again. |

| 21 | ARREST | ARRESTED | ARRESTED | DETENER |
|---|---|---|---|---|
| | /arésttt/ | /aréstttiddd/ | /aréstttiddd/ | |

| La policía piensa detener al sospechoso. | The police intend to arrest the suspect. |
|---|---|
| El policía la detuvo. | The police officer arrested her. |
| Él ha sido detenido. | He's been arrested. |

**22**

| ARRIVE | ARRIVED | ARRIVED | LLEGAR |
|--------|---------|---------|--------|
| /aráivvv/ | /aráivvvddd/ | /aráivvvddd/ | |

El tren llega a las dos de la tarde.    **The train arrives at 2 pm.**

Llegué tarde.    **I arrived late.**

¿Ha llegado ya?    **Has he arrived yet?**

---

**23**

| ASK | ASKED | ASKED | PREGUNTAR |
|-----|-------|-------|-----------|
| /áaask/ | /áaaskttt/ | /áaaskttt/ | 1 |

Ella pregunta mucho.    **She asks lots of questions.**

Me preguntó si quería ir con él.    **He asked me to go with him.**

Ella ya se lo ha preguntado (a él).    **She's already asked him.**

---

**24**

| ASK | ASKED | ASKED | PEDIR |
|-----|-------|-------|-------|
| /áaask/ | /áaaskttt/ | /áaaskttt/ | 2 |

Pedirán ayuda si la necesitan.    **They'll ask for help if they need it.**

Pedimos indicaciones.    **We asked for directions.**

He pedido algo de beber.    **I've asked for a drink.**

## 25   ATTACH     ATTACHED     ATTACHED     ADJUNTAR
**/atách/**       **/atáchttt/**       **/atáchttt/**

| | |
|---|---|
| Adjunto factura para su consideración. | I **attach** our invoice for your attention. |
| Él adjuntó la foto a su correo electrónico. | He **attached** the picture to the email. |
| Se adjunta el documento. | Please find the document **attached**. |

## 26   ATTACK     ATTACKED     ATTACKED     ATACAR
**/aták/**       **/atákttt/**       **/atákttt/**

| | |
|---|---|
| El ejército va a atacar. | The army's going to **attack**. |
| Una banda le atacó ayer por la noche. | A gang **attacked** him last night. |
| Le han atacado. | He's been **attacked**. |

## 27   ATTEMPT     ATTEMPTED     ATTEMPTED     INTENTAR
**/atémpttt/**       **/atémptttiddd/**       **/atémptttiddd/**

| | |
|---|---|
| Intentaré dar lo mejor de mí. | I'll **attempt** to do my best. |
| Ella intentó hacer sushi. | She **attempted** to make sushi. |
| Ya lo hemos intentado antes. | We've **attempted** it before. |

**28** | **ATTEND** | **ATTENDED** | **ATTENDED** | ASISTIR
/aténddd/ | /aténdddiddd/ | /aténdddiddd/

| | |
|---|---|
| Mi hijo asiste a clase en un colegio privado. | **My son attends a private school.** |
| Yo asistí a un colegio público. | **I attended a comprehensive school[n].** |
| Esta semana han asistido a cuatro reuniones. | **They've attended four meetings this week.** |

**Nota:** En Gran Bretaña *"public schools"* suelen ser colegios privados.

---

**29** | **ATTRACT** | **ATTRACTED** | **ATTRACTED** | ATRAER
/atrácttt/ | /atráctttiddd/ | /atráctttiddd/

| | |
|---|---|
| La playa atrae a los turistas. | **The beach attracts tourists.** |
| La oferta especial atrajo muchos clientes. | **The special offer attracted lots of customers.** |
| No me siento atraída por él. | **I'm not attracted to him.** |

---

**30** | **AVOID** | **AVOIDED** | **AVOIDED** | EVITAR
/avvvóiddd/ | /avvvóidddiddd/ | /avvvóidddiddd/

| | |
|---|---|
| Evito comer demasiado chocolate. | **I avoid eating too much chocolate.** |
| Él evitó ir al dentista. | **He avoided going to the dentist.** |
| Él ha evitado mis preguntas. | **He's avoided my questions.** |

**31** **BACK**  **BACKED**  **BACKED**  RESPALDAR
/bak/  /bakttt/  /bakttt/

Él se niega a respaldar al Primer Ministro.

He refuses to back the Prime Minister.

El Ministro de Asuntos Exteriores respaldó la nueva política.

The Foreign Secretary[n] backed the new policy.

La medida ha sido respaldada por el gobierno.

The measure has been backed by the government.

**Nota:** En Reino Unido los Ministros del Gobierno se conocen como *"Secretaries of State"*.

---

**32** **BAKE**  **BAKED**  **BAKED**  HORNEAR / ASAR
/béik/  /béikttt/  /béikttt/

El panadero hornea pan cada mañana.

The baker bakes bread every morning.

Horneé un pastel ayer por la noche.

I baked a cake last night.

Les encantan las patatas asadas.

They love baked potatoes.

---

**33** **BALANCE**  **BALANCED**  **BALANCED**  CUADRAR
/bálansss/  /bálanssttt/  /bálanssttt/

El contable cuadra las cuentas.

The accountant balances the books.

Él cuadraba las cuentas de manera regular.

He balanced the books regularly.

Todavía no hemos cuadrado las cuentas este año.

We haven't balanced the books yet this year.

## 34 BAN     BANNED     BANNED     PROHIBIR
**/bannn/**     **/bannnddd/**     **/bannnddd/**

Te prohibiré ver la televisión.

**I'll ban you from watching television.**

Ella prohibió las conversaciones sobre política durante la cena.

**She banned conversations about politics at the dinner table.**

Ha sido prohibido fumar en lugares públicos.

**Smoking has been banned in public places.**

---

## 35 BANG     BANGED     BANGED     GOLPEAR
**/bang/**     **/bangddd/**     **/bangddd/**

A menudo golpea con su puño sobre la mesa cuando está enfadado.

**He often bangs his fists on the table when he's angry.**

Me golpeé la rodilla.

**I banged my knee.**

Él se ha golpeado en la cabeza.

**He's banged his head.**

---

## 36 BATHE     BATHED     BATHED     BAÑARSE
**/béiz/**     **/béizddd/**     **/béizddd/**

Baño a mi bebé todas las noches.

**I bathe my baby every night.**

Mi marido bañó al bebé ayer.

**My husband bathed the baby yesterday.**

Todavía no he bañado al bebé.

**I haven't bathed the baby yet.**

**BATTLE** /bátol/ — **BATTLED** /bátolddd/ — **BATTLED** /bátolddd/ — LUCHAR

Está decidido a luchar contra su enfermedad.

He's determined to battle his illness.

Los ejércitos lucharon en Somme durante cuatro meses y medio.

The armies battled at the Somme for four and a half months.

Ella ha luchado contra el sobrepeso toda su vida.

She's battled with her weight all her life.

---

**BEG** /beggg/ — **BEGGED** /begggddd/ — **BEGGED** /begggddd/ — MENDIGAR 1

Ella mendiga por las calles.

She begs on the street.

Él mendigó para conseguir comida.

He begged for food.

Él nunca ha mendigado para conseguir dinero.

He's never begged for money.

---

**BEG** /beggg/ — **BEGGED** /begggddd/ — **BEGGED** /begggddd/ — SUPLICAR 2

Estoy segura de que él le suplicará (a ella) que le perdone.

I'm sure he'll beg her forgiveness.

Suplicaron ayuda.

They begged for help.

Le hemos suplicado(a él) que se quede.

We've begged him to stay.

**40** **BEHAVE**          **BEHAVED**          **BEHAVED**          COMPORTARSE
/bihhhéivvv/        /bihhhéivvvddd/     /bihhhéivvvddd/

Se comporta como un niño.          He behaves like a child.

Ella se comportó muy mal ayer por   She behaved very badly last night.
la noche.

Los niños se han comportado        The children have been extremely
fenomenal.                         well behaved.

---

**41** **BELONG**          **BELONGED**          **BELONGED**          PERTENECER
/bilóng/          /bilóngddd/          /bilóngddd/

Eso me pertenece a mí.             That belongs to me.

El reloj perteneció a su abuelo.    The watch belonged to his
                                   grandfather.

Nunca te ha pertenecido.           It's never belonged to you.

---

**42** **BLINK**          **BLINKED**          **BLINKED**          PARPADEAR
/blink/          /blinkttt/          /blinkttt/

Ella parpadea mucho.               She blinks a lot.

Él parpadeó sorprendido.           He blinked in surprise.

Las luces han parpadeado durante    The lights have blinked on and off
toda la noche.                     all night.

### 43 BLUSH     BLUSHED     BLUSHED     SONROJARSE
/bláash/     /bláashttt/     /bláashttt/

| | |
|---|---|
| Me sonrojo fácilmente. | I blush easily. |
| ¡Todos nos sonrojamos! | We all blushed! |
| Siempre se ha sonrojado cuando ha tenido vergüenza. | She's always blushed when she's embarrassed. |

### 44 BOAST     BOASTED     BOASTED     JACTARSE / PRESUMIR
/boústtt/     /boústtttiddd/     /boústtttiddd/

| | |
|---|---|
| Él presume de su trabajo. | He boasts about his job. |
| Presumieron de su viaje. | They boasted about their trip. |
| Se ha jactado de eso conmigo. | She's boasted to me about it. |

### 45 BOIL     BOILED     BOILED     HERVIR
/bóil/     /bóilddd/     /bóilddd/

| | |
|---|---|
| Voy a poner a hervir la tetera. | I'm going to boil the kettle. |
| Herví agua para hacer té. | I boiled some water to make some tea. |
| ¿Has hervido el agua en la tetera? | Have you boiled the kettle? |

**46** **BOMB** **BOMBED** **BOMBED** BOMBARDEAR
/bommm/ /bommmddd/ /bommmddd/

El ejército bombardea objetivos militares.

The army **bombs** military targets.

El ejército bombardeó el puerto.

The army **bombed** the port.

Ha sido bombardeado.

It's been **bombed**.

---

**47** **BOOK** **BOOKED** **BOOKED** RESERVAR
/buk/ /bukttt/ /bukttt/

Reservaré el hotel.

I'll **book** the hotel.

Él reservó los vuelos.

He **booked** the flights.

¿Han reservado mesa para cenar?

Have they **booked** a table for dinner?

---

**48** **BORE** **BORED** **BORED** ABURRIR(SE)
/bóo/ /bóoddd/ /bóoddd/

Ella me aburre.

She **bores** me.

La película les aburrió.

The film **bored** them.

¡Me aburro!

I'm **bored**!

## 49 BORROW    BORROWED    BORROWED    PEDIR PRESTADO
/bórou/    /bórouddd/    /bórouddd/

| | |
|---|---|
| Le voy a pedir prestada su chaqueta. | I'll **borrow** her jacket. |
| Él le pidió prestado el bolígrafo. | He **borrowed** her pen. |
| Ella me ha pedido prestado mi bolso. | She's **borrowed** my bag. |

## 50 BRAKE    BRAKED    BRAKED    FRENAR
/bréik/    /bréikttt/    /bréikttt/

| | |
|---|---|
| Tienes que frenar con fuerza. | You need to **brake** hard. |
| Él frenó para evitar el perro. | He **braked** to avoid the dog. |
| El coche ha frenado justo a tiempo. | The car has **braked** just in time. |

## 51 BREATHE    BREATHED    BREATHED    RESPIRAR
/bríiz/    /bríizddd/    /bríizddd/

| | |
|---|---|
| Respire profundamente. | **Breathe** deeply. |
| Ella respiró despacio y de manera profunda en su clase de yoga. | She **breathed** slowly and deeply in her yoga class. |
| ¿Has respirado alguna vez un aire más limpio que éste? | Have you ever **breathed** cleaner air? |

| **52** | **BRUISE** | **BRUISED** | **BRUISED** | MAGULLARSE |
| | /brúus/ | /brúusddd/ | /brúusddd/ | |

Ella se magulla con facilidad.

**She bruises easily.**

Me magullé la pierna.

**I bruised my leg.**

Tenía muchas magulladuras por el accidente.

**He was very bruised from the accident.**

---

| **53** | **BRUSH** | **BRUSHED** | **BRUSHED** | CEPILLAR(SE) |
| | /bráash/ | /bráashttt/ | /bráashttt/ | |

Me cepillo los dientes dos veces al día.

**I brush my teeth twice a day.**

Ella se cepilló el pelo.

**She brushed her hair.**

Él acaba de cepillarse los dientes.

**He's just brushed his teeth.**

---

| **54** | **BURN\*** | **BURNED** | **BURNED** | QUEMAR(SE) |
| | /béennn/ | /béennnddd/ | /béennnddd/ | |

Él se quema con facilidad al sol.

**He burns easily in the sun.**

Ella se quemó el dedo con el fuego de la cocina.

**She burned her finger on the cooker.**

Se me ha quemado la cena.

**I've burned the dinner.**

**55** | **BURY** | **BURIED** | **BURIED** | ENTERRAR
/berii/ | /bériiddd/ | /bériiddd/

| | |
|---|---|
| ¡Ese perro lo entierra todo! | **That dog buries everything!** |
| Le enterraron junto a su mujer. | **They buried him beside his wife.** |
| Pompeya fue enterrada por completo cuando el Vesubio entró en erupción. | **Pompeii was completely buried when Vesuvius erupted.** |

**56** | **CALCULATE** | **CALCULATED** | **CALCULATED** | CALCULAR
/cálkiuleittt/ | /cálkiuleitttiddd/ | /cálkiuleitttiddd/

| | |
|---|---|
| Calcularé los importes. | **I'll calculate the figures.** |
| Él calculó la respuesta. | **He calculated the answer.** |
| Hemos calculado los costes del proyecto. | **We've calculated the costs for the project.** |

**57** | **CALL** | **CALLED** | **CALLED** | LLAMAR
/cóol/ | /cóolddd/ | /cóolddd/

| | |
|---|---|
| Mi hermana me llama a menudo para charlar. | **My sister often calls me for a chat.** |
| Él la llamó a su móvil. | **He called her on her mobile.** |
| Ya le he llamado hoy. | **I've already called her today.** |

**58** **CAMP** **CAMPED** **CAMPED** ACAMPAR
/camp/ /campttt/ /campttt/

Ella quiere acampar cerca del río. | She wants to camp near the river.

Acamparon cerca del bosque. | They camped near the woods.

Ya han acampado allí varias veces. | They've camped there several times before.

**59** **CARRY** **CARRIED** **CARRIED** LLEVAR
/cárii/ /cáriiddd/ /cáriiddd/

Él siempre lleva un paraguas. | He always carries an umbrella.

Mi marido llevaba nuestro equipaje. | My husband carried our luggage.

¿Has llevado esa maleta durante todo el camino? | Have you carried that bag all this way?

**60** **CAUSE** **CAUSED** **CAUSED** PROVOCAR / CAUSAR
/cóos/ /cóosddd/ /cóosddd/

Siempre provoca una discusión. | It always causes an argument.

¿Qué causó el accidente? | What caused the accident?

¿Qué ha provocado el problema? | What's caused the problem?

**61** **CHALLENGE** **CHALLENGED** **CHALLENGED** **DESAFIAR**
/chálinch/ /chálinchddd/ /chálinchddd/ **1**

| | |
|---|---|
| ¡Te desafío a un duelo! | I challenge you to a duel! |
| Él desafió a su amigo a una partida de billar. | He challenged his friend to a game of pool. |
| Mis amigos me han desafiado a correr un maratón. | My friends have challenged me to run a marathon. |

**62** **CHALLENGE** **CHALLENGED** **CHALLENGED** **CUESTIONAR**
/chálinch/ /chálinchddd/ /chálinchddd/ **2**

| | |
|---|---|
| Cuestionan todas las normas. | They challenge all the rules. |
| Cuestioné su opinión. | I challenged his opinion. |
| Su autoridad ha sido cuestionada. | His authority's been challenged. |

**63** **CHANGE** **CHANGED** **CHANGED** **CAMBIAR**
/chéinch/ /chéinchddd/ /chéinchddd/

| | |
|---|---|
| Él necesita cambiar su vuelo. | He needs to change his flight. |
| Ella se cambió de ropa. | She changed her clothes. |
| He cambiado de opinión. | I've changed my mind. |

## 64

**CHARGE** /cháaach/    **CHARGED** /cháaachddd/    **CHARGED** /cháaachddd/    **COBRAR** 1

| | |
|---|---|
| Ese peluquero cobra una fortuna. | **That hairdresser charges a fortune.** |
| Él cobró a sus alumnos 25€ la hora por las clases de inglés particulares. | **He charged his students €25 an hour for private English classes.** |
| ¡Me han cobrado 2,50€ por un café! | **I was charged €2.50 for a cup of coffee!** |

## 65

**CHARGE** /cháaach/    **CHARGED** /cháaachddd/    **CHARGED** /cháaachddd/    **CARGAR** 2

| | |
|---|---|
| Cárguelo a la cuenta de la empresa. | **Charge it to the company account.** |
| Cogí un taxi y se lo cargué a la empresa. | **I took a taxi and charged it to company.** |
| Las comidas con clientes pueden ser cargadas a la empresa. | **Client lunches can be charged to the company.** |

## 66

**CHARGE** /cháaach/    **CHARGED** /cháaachddd/    **CHARGED** /cháaachddd/    **ACUSAR** 3

| | |
|---|---|
| ¿Crees que la policía le acusará? | **Will the police charge him?** |
| Le acusaron (a ella) de robar en una tienda. | **They charged her for shoplifting.** |
| Le han acusado de fraude. | **He's been charged with fraud.** |

## 67 CHASE    CHASED    CHASED    PERSEGUIR
/chéisss/    /chéisssttt/    /chéisssttt/

Mi perro persigue siempre al gato del vecino.

**My dog always chases the neighbour's cat.**

Persiguió al ladrón por la calle.

**He chased the thief down the road.**

Fue perseguido por la policía.

**He was chased by the police.**

## 68 CHEAT    CHEATED    CHEATED    ENGAÑAR
/chíittt/    /chíitttiddd/    /chíitttiddd/    1

Ten cuidado, él intentará engañarte.

**Be careful, he'll try to cheat you.**

Engañó a su novia.

**He cheated on his girlfriend.**

El contable ha engañado a todos sus clientes.

**The accountant has cheated all his clients.**

## 69 CHEAT    CHEATED    CHEATED    HACER TRAMPAS
/chíittt/    /chíitttiddd/    /chíitttiddd/    2

Ella hace trampas jugando a las cartas.

**She cheats at cards.**

Él hizo trampa jugando al fútbol.

**He cheated at football.**

¿Has hecho trampa?

**Have you cheated?**

**70** | **CHECK** | **CHECKED** | **CHECKED** | COMPROBAR
/chek/ | /chekttt/ | /chekttt/ | 1

| | |
|---|---|
| Comprobaré los detalles más tarde. | I'll **check** the details later. |
| Él comprobó la hora de su vuelo. | He **checked** the time of his flight. |
| ¿Has comprobado los hechos? | Have you **checked** the facts? |

**71** | **CHECK** | **CHECKED** | **CHECKED** | REVISAR
/chek/ | /chekttt/ | /chekttt/ | 2

| | |
|---|---|
| Revisa tu trabajo antes de entregarlo. | **Check** your work before you hand it in. |
| El inspector revisó nuestros billetes. | The inspector **checked** our tickets. |
| ¿Han revisado vuestra documentación? | Have they **checked** your documents? |

**72** | **CHEW** | **CHEWED** | **CHEWED** | MASCAR / MASTICAR
/chúu/ | /chúuddd/ | /chúuddd/ |

| | |
|---|---|
| Mastica bien la comida. | **Chew** your food properly. |
| Mascaba pensativo. | He **chewed** thoughtfully. |
| Ha mascado tabaco desde su juventud. | He's **chewed** tobacco since he was young. |

## 73 CHOP    CHOPPED    CHOPPED    PICAR
/chop/    /chopttt/    /chopttt/

| | |
|---|---|
| ¿Te importaría picar las zanahorias, por favor? | Can you chop the carrots, please? |
| Piqué las verduras para la ensalada. | I chopped the vegetables for the salad. |
| ¿Has picado las cebollas? | Have you chopped the onions? |

## 74 CLAIM    CLAIMED    CLAIMED    AFIRMAR
/kléimmm/    /kléimmmddd/    /kléimmmddd/

| | |
|---|---|
| Ella afirma haberlo visto. | She claims she saw it. |
| Él afirmó que era inocente. | He claimed he was innocent. |
| La empresa ha afirmado que sus productos son seguros. | The company has claimed that its products are safe. |

## 75 CLAP    CLAPPED    CLAPPED    APLAUDIR
/clap/    /clapttt/    /clapttt/    1

| | |
|---|---|
| Si te gusta, ¡aplaude! | If you like it, clap! |
| Los espectadores aplaudieron educadamente. | The crowd clapped politely. |
| La audiencia ha aplaudido rabiosamente en cada una de las actuaciones hasta la fecha. | The audiences have clapped wildly at each performance to date. |

### 76 CLAP CLAPPED CLAPPED DAR PALMAS
/clap/ /clapttt/ /clapttt/

| 2 |

El bebé acaba de aprender a dar palmas. | The baby has just learned to clap.

Daban palmas al ritmo de la música. | They clapped in time to the music.

Han dado palmas durante tanto tiempo que les duelen las manos. | They've clapped for so long their hands hurt.

### 77 CLEAN CLEANED CLEANED LIMPIAR
/clíinnn/ /clíinnnddd/ /clíinnnddd/

Tengo que limpiar mi apartamento. | I need to clean my flat.

Él limpió la cocina ayer. | He cleaned the kitchen yesterday.

Estas ventanas no se han limpiado en mucho tiempo. | These windows haven't been cleaned for a very long time.

### 78 CLOSE CLOSED CLOSED CERRAR
/cloús/ /cloúsddd/ /cloúsddd/

¡Cierra la puerta! | Close the door!

Ella cerró su libro y se durmió. | She closed her book and went to sleep.

¿Has cerrado todas las ventanas? | Have you closed all the windows?

## 79 COLLECT COLLECTED COLLECTED RECOGER
/colécttt/ /coléctttiddd/ /coléctttiddd/

Ella recoge dinero para obras de caridad. | **She collects money for charity.**

Él recogió a sus hijos del colegio. | **He collected his children from school.**

Ella acaba de recoger su vestido de la tintorería. | **She has just collected her dress from the dry cleaner's.**

## 80 COMB COMBED COMBED PEINAR(SE)
/coúmmm/ /coúmmmddd/ /coúmmmddd/

Ella se peina constantemente. | **She combs her hair all the time.**

Él se peinó esta mañana. | **He combed his hair this morning.**

¿Te has peinado hoy? | **Have you combed your hair today?**

## 81 COMMUNICATE COMMUNICATED COMMUNICATED COMUNICAR
/comiúnikeittt/ /comiúnikeitttiddd/ /comiúnikeitttiddd/

Él se comunica bien con los demás. | **He communicates well with others.**

Ella le comunicó su descontento a su supervisor. | **She communicated her dissatisfaction to her manager.**

Los secuestradores han comunicado sus condiciones. | **The captors have communicated their demands.**

**82** **COMPARE** **COMPARED** **COMPARED** `COMPARAR(SE)`
/compéee/ /compéeeddd/ /compéeeddd/

No puedes compararlos. **You can't compare them.**

Él comparó sus respuestas con las **He compared his answers with his**
de sus compañeros de clase. **classmates'.**

Comparado con el árabe, el español **Compared to Arabic, Spanish is an**
es un idioma fácil de aprender. **easy language to learn.**

---

**83** **COMPETE** **COMPETED** **COMPETED** `COMPETIR`
/compíittt/ /compíitttiddd/ /compíitttiddd/

Siempre compiten entre ellos. **They always compete against each**
**other.**

Compitieron por conseguir el **They competed for the contract.**
contrato.

Él ha competido contra los mejores **He's competed against the best**
atletas del mundo. **athletes in the world.**

---

**84** **COMPLAIN** **COMPLAINED** **COMPLAINED** `QUEJARSE`
/compléinnn/ /compléinnnddd/ /compléinnnddd/

Ella se queja todo el tiempo. **She complains all the time.**

Se quejaron del servicio. **They complained about the service.**

Ya me he quejado antes de esto. **I've complained about it before.**

**85** **COMPLETE** **COMPLETED** **COMPLETED** COMPLETAR
/complíittt/ /complíitttiddd/ /complíitttiddd/ 1

| | |
|---|---|
| Necesito zapatos para completar mi vestuario. | I need some shoes to complete my outfit. |
| Con el nuevo jugador se completó el equipo. | The new player completed the team. |
| La policía ha completado su investigación. | The police have completed their investigation. |

**86** **COMPLETE** **COMPLETED** **COMPLETED** TERMINAR
/complíittt/ /complíitttiddd/ /complíitttiddd/ 2

| | |
|---|---|
| Terminarán el informe a tiempo. | They'll complete the report on time. |
| Él terminó el proyecto. | He completed the project. |
| Ella ya casi ha terminado su primer libro. | She's nearly completed her first book. |

**87** **CONCENTRATE CONCENTRATED CONCENTRATED** CONCENTRAR(SE)
/cónsentreittt/ /cónsentreitttiddd/ /cónsentreitttiddd/

| | |
|---|---|
| No puedo concentrarme con tanto ruido. | I can't concentrate with all that noise. |
| Ella se concentraba mejor en la biblioteca. | She concentrated better in the library. |
| Los recursos estaban concentrados en la formación y el reclutamiento. | Resources were concentrated on training and recruitment. |

## 88

**CONCERN** /conséennn/ | **CONCERNED** /conséennnddd/ | **CONCERNED** /conséennnddd/ | PREOCUPAR

| | |
|---|---|
| Su comportamiento me preocupa. | His behaviour **concerns** me. |
| Me preocupaban las malas notas de mi hijo. | My son's poor marks **concerned** me. |
| Ella está muy preocupada por él. | She's very **concerned** about him. |

## 89

**CONFESS** /confésss/ | **CONFESSED** /conféssssttt/ | **CONFESSED** /conféssssttt/ | CONFESAR

| | |
|---|---|
| Confieso que me comí tu sandwich. | I **confess** to eating your sandwich. |
| El sospechoso confesó el crimen. | The suspect **confessed** to the crime. |
| Por fin ella ha confesado. | She's finally **confessed**. |

## 90

**CONFUSE** /confiús/ | **CONFUSED** /confiúsddd/ | **CONFUSED** /confiúsddd/ | CONFUNDIR

| | |
|---|---|
| Ella siempre me confunde con mi hermana. | She always **confuses** me with my sister. |
| Su explicación (de él) la confundió (a ella). | His explanation **confused** her. |
| ¡Estoy tan confuso! | I'm so **confused**! |

**91** | **CONNECT** | **CONNECTED** | **CONNECTED** | CONECTAR
/conécttt/ | /conécttttiddd/ | /conécttttiddd/

Tienes que conectar el reproductor de DVD al televisor.

**You need to connect the DVD player to the television.**

Él conectó los cables.

**He connected the wires.**

Los edificios están conectados a través de un patio.

**The buildings are connected by a courtyard.**

---

**92** | **CONSIDER** | **CONSIDERED** | **CONSIDERED** | CONSIDERAR
/consída/ | /consídaddd/ | /consídaddd/

Él siempre considera todas las posibilidades con cuidado.

**He always considers everything carefully.**

Su jefe consideraba que él era muy competente.

**His boss considered him to be very capable.**

¿Has considerado hacerlo de esta otra manera?

**Have you considered doing it this way instead?**

---

**93** | **CONSIST** | **CONSISTED** | **CONSISTED** | CONSISTIR / CONSTAR
/consssísssttt/ | /consssíssstttiddd/ | /consssíssstttiddd/

La liga consta de 12 equipos.

**The league consists of twelve teams.**

La obra de teatro constaba de tres actos.

**The play consisted of three acts.**

Nuestras reuniones familiares siempre han consistido en un montón de comida y bebida.

**Our family gatherings have always consisted of a great deal of food and drink.**

**94** | **CONTAIN** | **CONTAINED** | **CONTAINED** | CONTENER(SE)
/contéinnn/ | /contéinnnddd/ | /contéinnnddd/

Ella no puede tomar nada que contenga trigo. | She can't eat anything that **contains** wheat.

La bolsa contenía todas las cosas del bebé. | The bag **contained** all the baby's things.

Finalmente se contuvo el incendio. | The fire was eventually **contained**.

---

**95** | **CONTINUE** | **CONTINUED** | **CONTINUED** | CONTINUAR
/contíniu/ | /contíniuddd/ | /contíniuddd/

El precio de las casas continúa cayendo. | House prices **continue** to fall.

Ella continuó hablando. | She **continued** talking.

Mi coche ha continuado dándome problemas. | My car has **continued** to give me problems.

---

**96** | **COPY** | **COPIED** | **COPIED** | COPIAR
/cópii/ | /cópiiddd/ | /cópiiddd/

Mi hijo copia todo lo que hace su hermano mayor. | My son **copies** everything his big brother does.

Ella copió los deberes de su amiga. | She **copied** her friend's homework.

Te he copiado la foto. | I've **copied** the photo for you.

## 97 CORRECT  CORRECTED  CORRECTED  CORREGIR
**/coréctttt/**  **/coréctttiddd/**  **/coréctttiddd/**

| | |
|---|---|
| ¿Puedes corregir mi español, por favor? | **Can you correct my Spanish, please?** |
| La profesora corrigió los ejercicios de su clase. | **The teacher corrected her class's homework.** |
| He corregido los errores. | **I've corrected the mistakes.** |

## 98 COUGH  COUGHED  COUGHED  TOSER
**/cofff/**  **/coffftttt/**  **/coffftttt/**

| | |
|---|---|
| Los fumadores suelen toser mucho. | **Smokers often cough a lot.** |
| Él tosió durante toda la noche. | **He coughed all night.** |
| Mi hijo nunca ha tosido de esa manera. | **My son's never coughed like that before.** |

## 99 COUNT  COUNTED  COUNTED  CONTAR
**/cáunttt/**  **/cáuntttiddd/**  **/cáuntttiddd/**

| | |
|---|---|
| Sé contar en japonés. | **I can count in Japanese.** |
| Él contó seis coches y dos motos. | **He counted six cars and two motorbikes.** |
| ¿Estás seguro de que has contado bien? | **Are you sure you've counted correctly?** |

**100 COVER**     **COVERED**     **COVERED**     **CUBRIR**
/cáavvva/     /cáavvvaddd/     /cáavvvaddd/

| | |
|---|---|
| El periodista cubrirá las elecciones en Egipto. | **The journalist will cover the elections in Egypt.** |
| Sus juguetes cubrían todo el suelo. | **His toys covered the floor.** |
| Mi hijo llegó a casa cubierto de barro. | **My son arrived home covered in mud.** |

**101 CRASH**     **CRASHED**     **CRASHED**     **CHOCAR**
/crash/     /crashttt/     /crashttt/

| | |
|---|---|
| Mi hija choca con su bicicleta constantemente. | **My daughter crashes her bike all the time.** |
| Un coche chocó contra un árbol algo más arriba en la carretera. | **A car crashed into a tree up the road.** |
| Él ha chocado dos veces con su moto. | **He's crashed his motorbike twice.** |

**102 CRAWL**     **CRAWLED**     **CRAWLED**     **GATEAR**
/cróol/     /cróolddd/     /cróolddd/

| | |
|---|---|
| El bebé ahora gatea por todas partes. | **The baby crawls everywhere now.** |
| Ayer casi gateó escaleras arriba. | **He nearly crawled up the stairs yesterday.** |
| Ha gateado debajo de la mesa. | **He's crawled under the table.** |

## 103 CROSS — CROSSED — CROSSED — CRUZAR
/crosss/ /crosssttt/ /crosssttt/

| | |
|---|---|
| Siempre cruzo la calle con mucho cuidado. | I always **cross** the road carefully. |
| Cruzamos el río en barco. | We **crossed** the river by boat. |
| Ella acaba de cruzar la calle para hablar con su amiga. | She's just **crossed** the road to speak to her friend. |

## 104 CRY — CRIED — CRIED — LLORAR
/crái/ /cráiddd/ /cráiddd/

| | |
|---|---|
| El bebé llora constantemente. | The baby **cries** all the time. |
| Ella lloró cuando le conté las noticias. | She **cried** when I told her the news. |
| Él no ha llorado en años. | He hasn't **cried** in years. |

## 105 CURE — CURED — CURED — CURAR
/kiúr/ /kiúrddd/ /kiúrddd/

| | |
|---|---|
| Un paracetamol te curará el dolor de cabeza | A paracetamol will **cure** your headache. |
| Los antihistamínicos curaron su alergia. | The antihistamines **cured** his hay fever. |
| Los antibióticos me han curado la infección respiratoria. | The antibiotics have **cured** my chest infection. |

**106**

| CYCLE | CYCLE | CYCLE | IR EN BICICLETA |
|---|---|---|---|
| /sáikol/ | /sáikolddd/ | /sáikolddd/ | |

| | |
|---|---|
| Él va en bicicleta a todas partes. | He cycles everywhere. |
| Ayer fui al trabajo en bicicleta. | I cycled to work yesterday. |
| ¿Has ido alguna vez al trabajo en bicicleta? | Have you ever cycled to work? |

**107**

| DAMAGE | DAMAGED | DAMAGED | DAÑAR |
|---|---|---|---|
| /dámich/ | /dámichttt/ | /dámichttt/ | **1** |

| | |
|---|---|
| La gotera dañará el suelo. | The leak will damage the floor. |
| Él dañó su coche en el accidente. | He damaged his car in the crash. |
| ¿Se ha dañado algo en el incendio? | Was anything damaged in the fire? |

**108**

| DAMAGE | DAMAGED | DAMAGED | PERJUDICAR |
|---|---|---|---|
| /dámich/ | /dámichttt/ | /dámichttt/ | **2** |

| | |
|---|---|
| El sol puede perjudicar la piel. | The sun can damage your skin. |
| El escándalo perjudicó su reputación. | The scandal damaged his reputation. |
| Fumar ha perjudicado su salud. | Smoking has damaged his health. |

**109** **DANCE** **DANCED** **DANCED** BAILAR
/dáaansss/ /dáaansssttt/ /dáaanssssttt/

| | |
|---|---|
| ¡Vamos a bailar! | **Let's dance!** |
| Bailé toda la noche. | **I danced all night.** |
| Ella no ha bailado salsa nunca. | **She's never danced salsa before.** |

**110** **DARE** **DARED** **DARED** ATREVERSE
/déee/ /déeeddd/ /déeeddd/ **1**

| | |
|---|---|
| ¡Cómo te atreves! | **How dare you!** |
| Por fin ella se atrevió a intertarlo. | **She finally dared to try it.** |
| Nunca se ha atrevido a invitarla a salir. | **He's never dared to ask her out.** |

**111** **DARE** **DARED** **DARED** DESAFIAR
/déee/ /déeeddd/ /déeeddd/ **2**

| | |
|---|---|
| Te desafío a que se lo cuentes (a él). | **I dare you to tell him.** |
| ¡Ella me desafío a hacerlo! | **She dared me to do it!** |
| Él ha desafiado a su amigo a que se atreva a andar por la calle con el neopreno y las gafas de bucear puestas. | **He's dared his friend to walk down the street in his wetsuit and diving mask.** |

## 112 **DECEIVE**  **DECEIVED**  **DECEIVED**  ENGAÑAR
/disssíivvv/  /disssíivvvddd/  /disssíivvvddd/

| | |
|---|---|
| Ella les engañará a todos. | **She'll deceive everyone.** |
| Él engañó a su mujer. | **He deceived his wife.** |
| Él ha engañado a su socio. | **He's deceived his business partner.** |

## 113 **DECIDE**  **DECIDED**  **DECIDED**  DECIDIR
/disssáiddd/  /disssáidddiddd/  /disssáidddiddd/

| | |
|---|---|
| Ya lo decidiré luego. | **I'll decide later.** |
| Decidimos no ir. | **We decided not to go.** |
| Ella no ha decidido todavía. | **She hasn't decided yet.** |

## 114 **DECORATE**  **DECORATED**  **DECORATED**  DECORAR
/décoreittt/  /décoreitttiddd/  /décoreitttiddd/  1

| | |
|---|---|
| Voy a decorar el árbol de Navidad esta tarde. | **I'm going to decorate the Christmas tree this evening.** |
| Ella decoró la tarta ayer por la noche. | **She decorated the cake last night.** |
| Ya se ha decorado. | **It's already been decorated.** |

## 115 DECORATE DECORATED DECORATED PINTAR

/décoreittt/ /décoreitttiddd/ /décoreitttiddd/

2

| | |
|---|---|
| Quiero pintar mi casa. | I want to decorate my house. |
| Él pintó la cocina la semana pasada. | He decorated the kitchen last week. |
| ¿Has pintado ya tu nuevo apartamento? | Have you decorated your new flat yet? |

## 116 DELAY DELAYED DELAYED RETRASAR

/diléi/ /diléiddd/ /diléiddd/

| | |
|---|---|
| Retrasaremos la decisión. | We'll delay the decision. |
| Mi supervisor retrasó la reunión. | My manager delayed the meeting. |
| Su vuelo ha sido retrasado. | His flight's been delayed. |

## 117 DELIVER DELIVERED DELIVERED ENTREGAR

/dilívvva/ /dilívvvaddd/ /dilívvvaddd/

| | |
|---|---|
| Un cartero entrega cartas. | A postman delivers letters. |
| Entregué el paquete en mano. | I delivered the parcel by hand. |
| Nos han entregado los muebles esta mañana. | Our furniture was delivered this morning. |

**118** **DEPEND** **DEPENDED** **DEPENDED** DEPENDER
/dipénddd/ /dipéndddiddd/ /dipéndddiddd/

Depende de ti. It **depends** on you.

Dependíamos de él. We **depended** on him.

Él ha dependido de ella durante años. He's **depended** on her for years.

**119** **DESCRIBE** **DESCRIBED** **DESCRIBED** DESCRIBIR
/discráibbb/ /discráibbbddd/ /discráibbbddd/

¿Puedes describirlo? Can you **describe** it?

Él la describió perfectamente. He **described** her perfectly.

¡Lo has descrito muy bien! You've **described** it really well!

**120** **DESERT** **DESERTED** **DESERTED** ABANDONAR
/diséettt/ /diséetttiddd/ /diséetttiddd/

¡No me abandones! Don't **desert** me!

Sus amigos le abandonaron cuando más los necesitaba. His friends **deserted** him when he most needed them.

El pueblo está totalmente abandonado. The village is completely **deserted**.

**121** **DESERVE**      **DESERVED**      **DESERVED**      MERECER
/diséevvv/      /diséevvvddd/      /diséevvvddd/

| El equipo se merece ganar el partido. | The team **deserves** to win the match. |
| Se merecían todo lo que ocurrió. | They **deserved** everything that happened. |
| Nunca han merecido perder. | They've never **deserved** to lose. |

---

**122** **DESTROY**      **DESTROYED**      **DESTROYED**      DESTRUIR
/distrói/      /distróiddd/      /distróiddd/      1

| La guerra destruirá la ciudad. | The war will **destroy** the city. |
| El fuego destruyó la casa. | The fire **destroyed** the house. |
| La playa fue destruida por el vertido de petróleo. | The beach was **destroyed** by oil spillage. |

---

**123** **DESTROY**      **DESTROYED**      **DESTROYED**      DESTROZAR
/distrói/      /distróiddd/      /distróiddd/      2

| Él va a destrozar su vida. | He'll **destroy** his life. |
| Las mentiras de ella destrozaron su reputación (de él). | Her lies **destroyed** his reputation. |
| ¿Cómo destrozaron su reputación? | How was his reputation **destroyed**? |

**124 DEVELOP      DEVELOPED      DEVELOPED      DESARROLLAR**
/divvvélop/      /divvvélopttt/      /divvvélopttt/

La trama de la película se desarrolla con demasiada lentitud.
The film's plot **develops** too slowly.

La industria se desarrolló rápidamente en el norte.
Industry **developed** quickly in the North.

La técnica fue desarrollada en los años 50.
The technique was **developed** in the 1950s.

---

**125 DISAGREE      DISAGREED      DISAGREED      NO ESTAR DE ACUERDO**
/disssagríi/      /disssagríiddd/      /disssagríiddd/

Él nunca está de acuerdo conmigo.
He always **disagrees** with me.

Ella no estaba de acuerdo con ellos.
She **disagreed** with them.

Hasta ahora no han estado de acuerdo con ninguna propuesta.
They've **disagreed** with every proposal so far.

---

**126 DISAPPEAR      DISAPPEARED      DISAPPEARED      DESAPARECER**
/disssapía/      /disssapíaddd/      /disssapíaddd/

Mi hijo siempre desaparece cuando necesito que ayude.
My son always **disappears** when I need him to help.

El sol desapareció tras una nube.
The sun **disappeared** behind a cloud.

La mancha ha desaparecido por completo.
The stain's completely **disappeared**.

## 127 DISAPPROVE DISAPPROVED DISAPPROVED | DESAPROBAR / MIRAR MAL
/disssaprúvvv/ /disssaprúvvvddd/ /disssaprúvvvddd/

Su madre siempre desaprueba a sus novias.

His mother always **disapproves** of his girlfriends.

Miraron con malos ojos que su hija cambiara de carrera.

They **disapproved** of their daughter's career change.

Siempre han desaprobado el juego.

They've always **disapproved** of gambling.

## 128 DISCOVER DISCOVERED DISCOVERED | DESCUBRIR
/discáavvva/ /discáavvvaddd/ /discáavvvaddd/

Esperan descubrir vida en otros planetas.

They hope to **discover** life on other planets.

Él descubrió la moneda romana por casualidad.

He **discovered** the Roman coin by chance.

Se ha descubierto una cura para el cáncer.

A cure for cancer's been **discovered**.

## 129 DISLIKE DISLIKED DISLIKED | NO GUSTAR
/disláik/ /disláikttt/ /disláikttt/

A ella no le gusta el queso.

She **dislikes** cheese.

No me gustaba ir al colegio cuando era pequeño.

I **disliked** going to school when I was little.

A ella nunca le ha gustado su jefe.

She's always **disliked** her boss.

**130** **DISPROVE***     **DISPROVED**     **DISPROVED**     REFUTAR
/disssprúuvvv/     /disssprúuvvvddd/     /disssprúuvvvddd/

| | |
|---|---|
| Puedo refutar esa teoría. | I can **disprove** that theory. |
| Él refutó mi tesis con sus teorías. | He **disproved** my thesis with his theories. |
| Ella ha refutado todas mis hipótesis. | She's **disproved** all my hypotheses. |

**131** **DIVE***     **DIVED**     **DIVED**     TIRARSE DE CABEZA
/dáivvv/     /dáivvvvddd/     /dáivvvddd/     **1**

| | |
|---|---|
| No sé tirarme bien de cabeza. | I can't **dive** very well. |
| Anna se tiró de cabeza al océano. | Anna **dived** into the ocean. |
| Acaban de tirarse de cabeza al mar. | They've just **dived** into the sea. |

**132** **DIVE***     **DIVED**     **DIVED**     BUCEAR
/dáivvv/     /dáivvvvddd/     /dáivvvddd/     **2**

| | |
|---|---|
| Buceo como pasatiempo. | I **dive** as a hobby. |
| Buceé sin la botella de oxígeno. | I **dived** without an oxygen tank. |
| No han buceado nunca en el Océano Índico. | They've never **dived** in the Indian Ocean. |

**133** **DIVIDE** **DIVIDED** **DIVIDED**  
/divvváiddd/ /divvváidddiddd/ /divvváidddiddd/

| | |
|---|---|
| Dividieron la tarta en seis partes. | They divided the cake into six pieces. |
| Este asunto dividió al país. | The issue divided the nation. |
| Han repartido el dinero entre ellos. | They've divided the money between them. |

**134** **DOUBLE** **DOUBLED** **DOUBLED**  
/dáabol/ /dáabolddd/ /dáabolddd/

| | |
|---|---|
| La empresa espera doblar su facturación el próximo año. | The company hopes to double its turnover in the coming year. |
| El precio se dobló en un par de semanas. | The price doubled in a fortnight. |
| El departamento ha duplicado su tamaño recientemente. | The department has doubled in size recently. |

**135** **DOUBT** **DOUBTED** **DOUBTED**  
/dáuttt/ /dáutttiddd/ /dáutttiddd/

| | |
|---|---|
| Dudo de que venga. | I doubt he'll come. |
| Ella dudaba de que él le estuviera contando la verdad. | She doubted that he was telling the truth. |
| Siempre hemos dudado de sus métodos. | We've always doubted his methods. |

## 136 DRAG
/draggg/ — DRAGGED /dragggddd/ — DRAGGED /dragggddd/

ARRASTRAR

| | |
|---|---|
| Tendré que arrastrarlo. | I'll have to drag it. |
| Ella arrastró su maleta por todo el andén. | She dragged her suitcase along the platform. |
| Lo ha arrastrado con ella durante todo el día. | She's dragged it with her all day. |

## 137 DREAM*
/dríimmm/ — DREAMED /dríimmmddd/ — DREAMED /dríimmmddd/

SOÑAR

| | |
|---|---|
| Sueño a menudo con mis exámenes. | I often dream about my exams. |
| Ella soñó con el trabajo. | She dreamed about work. |
| He soñado mucho con eso. | I've often dreamed about it. |

## 138 DRIP
/drip/ — DRIPPED /dripttt/ — DRIPPED /dripttt/

GOTEAR

| | |
|---|---|
| Ese grifo siempre gotea. | That tap always drips. |
| Goteó durante toda la noche. | It dripped all night. |
| La botella ha goteado por toda la bolsa. | The bottle's dripped all over my bag. |

**139 DROP** | **DROPPED** | **DROPPED** | CAERSE
/drop/ | /droptttt/ | /droptttt/

| | |
|---|---|
| Se le caen las cosas todo el tiempo. | She **drops** things all the time. |
| ¡Ay!... Se me cayó. | Ooops... I **dropped** it. |
| ¿Se te ha caído el vaso? | Have you **dropped** the glass? |

**140 DROWN** | **DROWNED** | **DROWNED** | AHOGAR(SE)
/dráunnn/ | /dráunnnddd/ | /dráunnnddd/

| | |
|---|---|
| Todos los años se ahoga gente en ese río. | People **drown** in that river every year. |
| Su tío abuelo se ahogó en un accidente marítimo. | Her great uncle **drowned** in a boating accident. |
| Este año se han ahogado 34 personas frente a la costa irlandesa. | 34 people have **drowned** off the Irish coast this year. |

**141 DRY** | **DRIED** | **DRIED** | SECAR
/drái/ | /dráiddd/ | /dráiddd/

| | |
|---|---|
| La pintura se seca muy lentamente. | Paint **dries** very slowly. |
| Me sequé el pelo. | I **dried** my hair. |
| ¿Se ha secado ya la ropa? | Have the clothes **dried** yet? |

**DUST** **DUSTED** **DUSTED** QUITAR EL POLVO
/dáasttt/ /dáastttiddd/ /dáasttttiddd/

| | |
|---|---|
| Él nunca quita el polvo de los muebles. | He never **dusts** his furniture. |
| Ayer quité el polvo. | I **dusted** yesterday. |
| ¿Has quitado ya el polvo de tu habitación? | Have you **dusted** your room yet? |

**EARN** **EARNED** **EARNED** GANAR
/éennn/ /éennnddd/ /éennnddd/

| | |
|---|---|
| Ella gana mucho dinero. | She **earns** a lot of money. |
| Él ganó mucho dinero en su último trabajo. | He **earned** a lot in his last job. |
| Nunca he ganado demasiado dinero. | I've never **earned** much money. |

**EDUCATE** **EDUCATED** **EDUCATED** EDUCAR
/éllakeittt/ /éllakeitttiddd/ /éllakeitttiddd/ 1

| | |
|---|---|
| El colegio educa a los niños de cinco a once años. | The school **educates** children aged five to eleven. |
| Él educó a sus hijos en casa. | He **educated** his children at home. |
| Yo fui al colegio de primaria local. | I was **educated** at the local primary school. |

## 145

**EDUCATE** **EDUCATED** **EDUCATED** CONCIENCIAR
/éllakeittt/ /éllakeitttiddd/ /éllakeitttiddd/ 2

| | |
|---|---|
| Tenemos que concienciar a la gente sobre el medio ambiente. | We need to **educate** people about the environment. |
| El taller concienció al grupo sobre los problemas relativos a la salud mental. | The workshop **educated** the group about mental health issues. |
| Han concienciado a las comunidades rurales sobre la prevención de la malaria. | They've **educated** rural communities about malaria prevention. |

## 146

**EMBARRASS** **EMBARRASSED** **EMBARRASSED** AVERGONZAR
/embárisss/ /embárisssttt/ /embárisssttt/

| | |
|---|---|
| Algunas veces mi padre realmente me avergüenza. | Sometimes my dad really **embarrasses** me. |
| Él ayer me avergonzó. | He **embarrassed** me yesterday. |
| ¡Estaba tan avergonzado! | I was so **embarrassed**! |

## 147

**EMPLOY** **EMPLOYED** **EMPLOYED** CONTRATAR
/emplói/ /emplóiddd/ /emplóiddd/

| | |
|---|---|
| Su empresa contrata a mucha gente. | Her company **employs** lots of people. |
| Han contratado a un limpiador. | They **employed** a cleaner. |
| Han contratado a un jardinero para cortar el césped. | They've **employed** a gardener to cut the grass. |

## 148 EMPTY EMPTIED EMPTIED VACIAR
/émptii/ /émptiiddd/ /émptiiddd/

| | |
|---|---|
| Normalmente vacío los armarios para limpiarlos. | I usually empty the cupboards to clean them. |
| Vació su bolsa buscando sus llaves. | She emptied her bag looking for her keys. |
| ¿Has vaciado la papelera? | Have you emptied the bin? |

## 149 ENCOURAGE ENCOURAGED ENCOURAGED ANIMAR
/encáarich/ /encáarichddd/ /encáarichddd/

| | |
|---|---|
| Un buen profesor anima a sus alumnos. | A good teacher encourages his students. |
| Él me animó a hacerlo. | He encouraged me to do it. |
| Me ha animado su respuesta. | I was encouraged by her response. |

## 150 END ENDED ENDED TERMINAR
/enddd/ /éndddiddd/ /éndddiddd/

| | |
|---|---|
| La película termina a las 10 de la noche. | The film ends at 10pm. |
| La relación terminó mal. | The relationship ended badly. |
| ¿Ha terminado ya el telediario? | Has the news ended yet? |

## 151 ENJOY   ENJOYED   ENJOYED   DISFRUTAR
/enllói/   /enllóiddd/   /enllóiddd/

| | |
|---|---|
| Ella realmente disfruta cocinando. | She really enjoys cooking. |
| Disfruté hablando con él. | I enjoyed talking to him. |
| ¿Has disfrutado del viaje? | Have you enjoyed the trip? |

## 152 ENTER   ENTERED   ENTERED   ENTRAR
/énta/   /éntaddd/   /éntaddd/

| | |
|---|---|
| Ella espera entrar en la universidad el próximo año. | She hopes to enter university next year. |
| Él entró en la habitación sonriendo. | He entered the room smiling. |
| La policía ha entrado en el edificio. | The police have entered the building. |

## 153 ESCAPE   ESCAPED   ESCAPED   ESCAPAR
/eskéip/   /eskéipttt/   /eskéipttt/

| | |
|---|---|
| La gente rara vez escapa de la cárcel. | People rarely escape from prison. |
| El año pasado se escapó una persona. | One person escaped last year. |
| ¿Se ha escapado alguien en lo que va de año? | Has anyone escaped so far this year? |

**154** **EXAMINE** **EXAMINED** **EXAMINED** EXAMINAR
/ixáminnn/ /ixáminnnddd/ /ixáminnnddd/

| | |
|---|---|
| Los médicos examinan a sus pacientes. | Doctors examine their patients. |
| El médico le examinó. | The doctor examined him. |
| Los documentos fueron examinados cuidadosamente. | The documents were carefully examined. |

**155** **EXERCISE** **EXERCISED** **EXERCISED** HACER EJERCICIO
/éxasssais/ /éxasssaisddd/ /éxasssaisddd/

| | |
|---|---|
| Ella hace ejercicio con regularidad. | She exercises regularly. |
| La última semana él hizo ejercicio todos los días. | He exercised every day last week. |
| Ella nunca ha hecho demasiado ejercicio. | She's never exercised much. |

**156** **EXIST** **EXISTED** **EXISTED** EXISTIR
/ixísssttt/ /ixístttiddd/ /ixístttiddd/

| | |
|---|---|
| Los unicornios no existen. | Unicorns don't exist. |
| Los dinosaurios existieron hace millones de años. | Dinosaurs existed millions of years ago. |
| Esa especie de planta no ha existido nunca aquí. | That species of plant has never existed here. |

## 157 EXPECT    EXPECTED    EXPECTED    ESPERAR
/expécttt/    /expéctttidd/    /expéctttidd/    1

| | |
|---|---|
| El equipo espera ganar el partido. | The team **expects** to win the match. |
| Le esperábamos a las siete de la tarde. | We **expected** him at 7pm. |
| Se espera que el autobús llegue en cualquier momento. | The bus is **expected** any minute now. |

## 158 EXPECT    EXPECTED    EXPECTED    SUPONER
/expécttt/    /expéctttidd/    /expéctttidd/    2

| | |
|---|---|
| Supongo que estarás cansado después del vuelo. | I **expect** you'll be tired after the flight. |
| Ella suponía que él llegaría tarde. | She **expected** him to be late. |
| Él había supuesto que el proyecto ya estaría terminado. | He'd **expected** the project to be completed by now. |

## 159 EXPLAIN    EXPLAINED    EXPLAINED    EXPLICAR
/expléinnn/    /expléinnnddd/    /expléinnnddd/

| | |
|---|---|
| Él nunca explica sus razones. | He never **explains** his reasons. |
| Ella me lo explicó varias veces. | She **explained** it to me several times. |
| ¡Ya se lo he explicado! | I've already **explained** it to him! |

## 160

**EXPLODE** **EXPLODED** **EXPLODED** EXPLOTAR
/exploúddd/ /exploúdddiddd/ /exploúdddiddd/

Oímos explotar la bomba.    **We heard the bomb explode.**

Él explotó de rabia.    **He exploded with anger.**

Ha explotado una bomba en un    **A bomb has exploded in a market.**
mercado.

## 161

**EXTEND** **EXTENDED** **EXTENDED** EXTENDER
/exténddd/ /exténdddiddd/ /exténdddiddd/

1

Van a extender el plazo de entrega.    **They're going to extend the**
**deadline.**

Han extendido su contrato otros seis    **They extended her contract for**
meses.    **another six months.**

El banco ha extendido su capacidad    **The bank has extended his**
de crédito.    **overdraft.**

## 162

**EXTEND** **EXTENDED** **EXTENDED** PROLONGAR
/exténddd/ /exténdddiddd/ /exténdddiddd/

2

El Consorcio de Transportes de    **Transport for London intends to**
Londres planea prolongar la    **extend the Northern Line.**
Northern Line.

Mis padres prolongaron su visita a    **My parents extended their visit to**
Madrid.    **Madrid.**

Prolongaron la carretera hace un    **The road was extended a couple of**
par de años.    **years ago.**

**163** **EXTEND**          **EXTENDED**          **EXTENDED**          AMPLIAR
/exténddd/          /exténdddiddd/          /exténdddiddd/          3

Piensan ampliar su cocina.          **They plan to extend their kitchen.**

Los rebeldes ampliaron su control          **The rebels extended their control**
sobre la ciudad.          **over the city.**

La empresa ha ampliado su gama          **The company has extended its range**
de productos.          **of products.**

---

**164** **FACE**          **FACED**          **FACED**          ENFRENTAR(SE)
/féisss/          /féisssttt/          /féisssttt/          1

Nos enfrentamos a tiempos difíciles.          **We face difficult times ahead.**

Por fin se enfrentaron cara a cara.          **They finally faced each other.**

Nos hemos enfrentado a situaciones          **We've faced worse than this before.**
peores que ésta en el pasado.

---

**165** **FACE**          **FACED**          **FACED**          ESTAR
/féisss/          /féisssttt/          /féisssttt/          ENFRENTE
                                                             2

Su escritorio está frente a la          **Her desk faces the window.**
ventana.

Mi dormitorio estaba frente a las          **My bedroom faced the mountains.**
montañas.

El sofá siempre ha estado enfrente          **The sofa has always faced the**
de la televisión.          **television.**

## FAIL          FAILED          FAILED          SUSPENDER
/féil/          /féilddd/        /féilddd/

Él suspenderá sus exámenes si no estudia más.

He'll fail his exams if he doesn't study harder.

Ella suspendió su examen de francés.

She failed her French exam.

He suspendido mi examen de conducir dos veces.

I've failed my driving test twice.

## FANCY          FANCIED          FANCIED          APETECER
/fánsssii/      /fánsssiiddd/    /fánsssiiddd/                    1

¿Te apetece un helado?

Do you fancy an ice cream?

Le apetecía mucho ir al cine.

She really fancied going to the cinema.

Nunca les ha apetecido probar el puenting.

They've never fancied bungee jumping.

## FANCY          FANCIED          FANCIED          GUSTAR (FÍSICAMENTE)
/fánsssii/      /fánsssiiddd/    /fánsssiiddd/                    2

A él le gusta todo el mundo.

He fancies everyone.

A ella le gusta el hermano de su amiga.

She fancies her friend's brother.

A él siempre le ha gustado mucho ella.

He's really fancied her for ages.

**169 FASTEN**     **FASTENED**     **FASTENED**     ABROCHAR(SE)
/fáaasssennn/ /fáaasssennnddd/ /fáaasssennnddd/

| | |
|---|---|
| El traje se abrocha con una cremallera. | The dress fastens with a zip. |
| Él se abrochó el cinturón de seguridad. | He fastened his seat belt. |
| Estaba abrochado con una cuerda. | It was fastened with a string. |

**170 FAX**     **FAXED**     **FAXED**     MANDAR POR FAX
/fax/ /faxttt/ /faxttt/

| | |
|---|---|
| Le mandaré los detalles por fax. | I'll fax him the details. |
| Ella mandó su solicitud de empleo por fax. | She faxed her job application. |
| Los documentos se mandaron por fax esta mañana. | The documents were faxed this morning. |

**171 FEAR**     **FEARED**     **FEARED**     TEMER
/fía/ /fíaddd/ /fíaddd/

| | |
|---|---|
| Ella siempre se teme lo peor. | She always fears the worst. |
| Temíamos por su seguridad. | We feared for his safety. |
| Nunca he temido por mi vida. | I've never feared for my life. |

## 172

**FETCH** /fech/     **FETCHED** /fechttt/     **FETCHED** /fechttt/     **TRAER** 1

| | |
|---|---|
| ¿Me traes un bolígrafo, por favor? | **Will you fetch me a pen, please?** |
| Le traje una copa (a él). | **I fetched him a drink.** |
| He traído mi abrigo así que, ¡vámonos! | **I've fetched my coat, so let's go!** |

## 173

**FETCH** /fech/     **FETCHED** /fechttt/     **FETCHED** /fechttt/     **RECOGER** 2

| | |
|---|---|
| ¿Me recogerás más tarde? | **Will you fetch me later?** |
| Recogimos a los niños del colegio. | **We fetched the children from school.** |
| Le he recogido del trabajo todos los días esta semana. | **I've fetched him from work every day this week.** |

## 174

**FILE** /fáil/     **FILED** /fáilddd/     **FILED** /fáilddd/     **ARCHIVAR** 1

| | |
|---|---|
| Yo archivo todos mis documentos importantes. | **I file all my important documents.** |
| Ella archivó su correspondencia en un cajón. | **She filed her correspondence in a drawer.** |
| Él ha archivado sus DVDs por orden alfabético. | **He's filed his DVDs in alphabetical order.** |

## 175

**FILE** /fáil/    **FILED** /fáilddd/    **FILED** /fáilddd/    **PRESENTAR** 2

| | |
|---|---|
| Ella va a presentar una queja sobre su supervisor. | She's going to file a complaint about her manager. |
| Ella presentó los papeles del divorcio. | She filed for divorce. |
| Las solicitudes han de presentarse antes de las cinco de la tarde. | Applications must be filed by 5pm. |

## 176

**FILE** /fáil/    **FILED** /fáilddd/    **FILED** /fáilddd/    **LIMAR** 3

| | |
|---|---|
| Ella no se corta las uñas, se las lima. | She doesn't cut her nails, she files them. |
| Se limó las uñas y después se las pintó. | She filed her nails then painted them. |
| La manicura no me ha limado las uñas demasiado bien. | The manicurist hasn't filed my nails very well. |

## 177

**FILL** /fil/    **FILLED** /filddd/    **FILLED** /filddd/    **LLENAR**

| | |
|---|---|
| Él siempre llena su copa hasta el borde. | He always fills his glass to the brim. |
| El humo llenaba la habitación. | Smoke filled the room. |
| El armario de mi mujer está lleno de ropa. | My wife's wardrobe is filled with clothes. |

**178** **FILM** **FILMED** **FILMED** GRABAR
/filmmm/ /filmmmddd/ /filmmmddd/

Mi tío graba siempre las grandes reuniones familiares.

My uncle always **films** big family gatherings.

Mi padre grabó nuestra boda.

My dad **filmed** our wedding.

El incidente se grabó con un teléfono móvil.

The incident was **filmed** on a mobile phone.

---

**179** **FIRE** **FIRED** **FIRED** DESPEDIR
/fáia/ /fáiaddd/ /fáiaddd/ 1

El encargado va a despedirle.

The manager is going to **fire** him.

¡No puedo creer que me despidiera!

I can't believe he **fired** me!

La secretaria fue despedida la semana pasada.

The secretary was **fired** last week.

---

**180** **FIRE** **FIRED** **FIRED** DISPARAR
/fáia/ /fáiaddd/ /fáiaddd/ 2

La policía no disparará a no ser que sea absolutamente necesario.

The police won't **fire** unless absolutely necessary.

Las tropas dispararon a los insurgentes.

The troops **fired** at the insurgents.

Se dispararon dos tiros.

Two shots were **fired**.

## 181 FIT*     FITTED     FITTED     QUEDAR (LA ROPA)

**/fittt/**     **/fítttiddd/**     **/fítttiddd/**     **1**

| | |
|---|---|
| Este pantalón no me queda bien. | **These trousers don't fit properly.** |
| El abrigo le quedaba perfectamente. | **The coat fitted her perfectly.** |
| Estos zapatos nunca me han quedado bien. | **These shoes have never fitted me properly.** |

## 182 FIT*     FITTED     FITTED     CABER

**/fittt/**     **/fítttiddd/**     **/fítttiddd/**     **2**

| | |
|---|---|
| El libro me cabe en el bolso. | **The book fits in my handbag.** |
| Todas las cajas cupieron en la furgoneta. | **All the boxes fitted into the van.** |
| Por fin me ha cabido todo en la maleta. | **I've finally fitted everything in my suitcase.** |

## 183 FIX     FIXED     FIXED     ARREGLAR

**/fix/**     **/fixttt/**     **/fixttt/**

| | |
|---|---|
| ¿Puedes arreglarme esto? | **Can you fix this for me?** |
| El fontanero arregló la calefacción central. | **The plumber fixed the central heating.** |
| He arreglado mis gafas. | **I've fixed my glasses.** |

**184** **FLOAT** **FLOATED** **FLOATED** FLOTAR
/floúttt/ /floútttiddd/ /floútttiddd/

En el Mar Muerto todo flota. **Everything floats in the Dead Sea.**

El barco no se hundió, flotó. **The boat didn't sink, it floated.**

No ha flotado, se ha hundido. **It hasn't floated, it's sunk.**

**185** **FLOOD** **FLOODED** **FLOODED** INUNDAR
/fláaddd/ /fláadddiddd/ /fláadddiddd/ 1

Las importaciones baratas inundan el mercado. **Cheap imports flood the market.**

La tormenta inundó varios pueblos. **The storm flooded several villages.**

Nos han inundado a llamadas sobre el anuncio. **We've been flooded with phone calls about the advert.**

**186** **FLOOD** **FLOODED** **FLOODED** DESBORDARSE
/fláaddd/ /fláadddiddd/ /fláadddiddd/ 2

El río se desborda todos los años. **The river floods every year.**

El río se desbordó el invierno pasado. **The river flooded last winter.**

Las alcantarillas se desbordaron. **The sewers were flooded.**

## 187 FLOW FLOWED FLOWED FLUIR
/floú/ /floúddd/ /floúddd/

Digamos que la conversación no es que fluya con facilidad con él.

Conversation doesn't exactly **flow** easily with him.

La reunión fue genial. Las ideas fluían con facilidad.

The meeting was great. Ideas **flowed** easily.

Mucha agua ha llovido desde entonces.

A lot of water has **flowed** under the bridge since then.

## 188 FLOWER FLOWERED FLOWERED FLORECER
/fláua/ /fláuaddd/ /fláuaddd/

Las campanillas florecen a principios de la primavera.

Snowdrops **flower** in early spring.

Los tulipanes florecieron tarde este año.

The tulips **flowered** late this year.

Los narcisos han florecido muy pronto este año.

The daffodils have **flowered** very early this year.

## 189 FOLD FOLDED FOLDED DOBLAR
/folddd/ /fólddddiddd/ /fólddddiddd/

Ella dobla su ropa cuidadosamente.

She **folds** her clothes carefully.

Él dobló la página por la mitad.

He **folded** the page in half.

He doblado toda la colada.

I've **folded** all the washing.

## 190 FOLLOW   FOLLOWED   FOLLOWED   SEGUIR
/fólou/   /fólouddd/   /fólouddd/

| | |
|---|---|
| Su hermana pequeña la sigue a todas partes. | Her little sister follows her everywhere. |
| El perro le siguió a casa. | The dog followed him home. |
| Siempre he seguido sus consejos. | I've always followed his advice. |

## 191 FOOL   FOOLED   FOOLED   ENGAÑAR
/fúul/   /fúulddd/   /fúulddd/

| | |
|---|---|
| ¡No puedes engañarme! | You can't fool me! |
| ¡Le engañamos de verdad! | We really fooled him! |
| No volverán a engañarme. | I won't be fooled again. |

## 192 FORCE   FORCED   FORCED   FORZAR
/forsss/   /forsssttt/   /forsssttt/

| | |
|---|---|
| No puedes forzarle a hacer algo que no quiere. | You can't force him to do something he doesn't want to. |
| La policía forzó la puerta para abrirla. | The police forced the door open. |
| Les forzaron a mentirle. | They were forced to lie to him. |

**193** **FORM** **FORMED** **FORMED** FORMAR
/fóommm/ /fóommmddd/ /fóommmddd/

El primer ministro todavía necesita formar gobierno.

The Prime Minister still needs to form a government.

El año pasado formamos un equipo de fútbol.

We formed a football team last year.

El grupo fue formado en 1980.

The band was formed in 1980.

**194** **FOUND** **FOUNDED** **FOUNDED** FUNDAR
/fáunddd/ /fáundddiddd/ /fáundddiddd/

Ella piensa fundar un grupo de apoyo para los que padecen esta enfermedad.

She plans to found a support group for sufferers of the condition.

Fundaron la empresa juntos.

They founded the company together.

La Universidad fue fundada en 1492.

The University was founded in 1492.

**195** **FRIGHTEN** **FRIGHTENED** **FRIGHTENED** ASUSTAR
/fráitennn/ /fráitennnddd/ /fráitennnddd/

¡Cálmate o asustarás al bebé!

Calm down or you'll frighten the baby!

¡Me asustaste!

You frightened me!

Has vuelto a asustar al bebé.

You've frightened the baby again.

## 196

**FRY**     **FRIED**     **FRIED**     FREÍR
/frái/     /fráiddd/     /fráiddd/

Él siempre se fríe los huevos.     **He always fries his eggs.**

Ella frió patatas para cenar.     **She fried potatoes for dinner.**

No tomo mucha comida frita.     **I don't eat a lot of fried food.**

## 197

**GATHER**     **GATHERED**     **GATHERED**     REUNIR(SE)
/gádza/     /gádzaddd/     /gádzaddd/     1

Mi familia se reúne siempre en las ocasiones especiales.     **My family always gathers together for special occasions.**

Sus amigos (de ella) se reunieron para su fiesta de despedida.     **Her friends gathered for her leaving party.**

Hemos reunido a un grupo de gente dispuesta a participar.     **We've gathered a group of people willing to take part.**

## 198

**GATHER**     **GATHERED**     **GATHERED**     DEDUCIR
/gádza/     /gádzaddd/     /gádzaddd/     2

Deduzco que no estás contento con el resultado.     **I gather you're not happy with the result.**

Por su jefe, dedujo que la reunión había ido bien.     **She gathered from her boss that the meeting had gone well.**

¿Has deducido ya de qué están hablando?     **Have you gathered what they're talking about yet?**

## 199 GAZE GAZED GAZED | MIRAR FIJAMENTE / DISTRAIDAMENTE

/guéis/ /guéisddd/ /guéisddd/

| | |
|---|---|
| Él se pasa el día mirando fijamente en la distancia. | He's always gazing into the distance. |
| El alumno miraba fijamente por la ventana durante la clase de ciencias. | The student gazed out the window during science class. |
| Ella ha estado mirando fijamente la misma página durante una hora. | She's gazed at the same page for an hour. |

## 200 GLOW GLOWED GLOWED | BRILLAR

/gloú/ /gloúddd/ /gloúddd/

| | |
|---|---|
| El adhesivo brilla en la oscuridad. | The sticker glows in the dark. |
| El fuego brillaba en la chimenea. | A fire glowed in the fireplace. |
| ¿Ha brillado siempre así? | Has it always glowed like that? |

## 201 GRAB GRABBED GRABBED | AGARRAR

/grabbb/ /grabbbddd/ /grabbbddd/

| | |
|---|---|
| ¡Agarra una silla y únete a nosotros! | Grab a chair and join us! |
| Él agarró fuertemente la mano de su hija entre la gente. | He grabbed his daughter's hand tightly in the crowd. |
| Creo que ese hombre acaba de agarrar (robar) el bolso de alguien. | I think that man's just grabbed someone's handbag. |

**202** | **GRATE** | **GRATED** | **GRATED** | RALLAR
/gréittt/ | /gréitttiddd/ | /gréitttiddd/

| | |
|---|---|
| Mi hermana ralla un poco de queso sobre todas sus comidas. | My sister **grates** cheese over all her meals. |
| Rallé las zanahorias para la ensalada. | I **grated** the carrots for the salad. |
| Le encanta el queso rallado sobre una tostada. | He loves **grated** cheese on toast. |

**203** | **GREASE** | **GREASED** | **GREASED** | ENGRASAR
/gríisss/ | /gríisssttt/ | /gríisssttt/

| | |
|---|---|
| Tienes que engrasar el molde antes de utilizarlo. | You need to **grease** the baking tin before using it. |
| El mecánico engrasó el motor. | The mechanic **greased** the engine. |
| Mi marido aún no ha engrasado las bisagras de la puerta. | My husband still hasn't **greased** the door hinges. |

**204** | **GREET** | **GREETED** | **GREETED** | DAR LA BIENVENIDA
/gríittt/ | /gríitttiddd/ | /gríitttiddd/

| | |
|---|---|
| La gente normalmente se da la bienvenida con un apretón de manos. | People usually **greet** each other with a handshake. |
| Él dio una calurosa bienvenida a sus invitados. | He **greeted** his guests warmly. |
| Su mujer le dio la bienvenida (a él) con un beso. | He was **greeted** by his wife with a kiss. |

## 205 GRIN GRINNED GRINNED — SONREÍR (ABIERTAMENTE)
**GRIN** **GRINNED** **GRINNED**
/grinnn/ /grinnnddd/ /grinnnddd/

| | |
|---|---|
| Él sonríe por todo. | **He grins at everything.** |
| Él sonrió por su propio chiste. | **He grinned at his own joke.** |
| He sonreído tanto que me duele la cara. | **I've grinned so much my face hurts.** |

## 206 GRIP[n] GRIPPED GRIPPED — AGARRAR
**GRIP**[n] **GRIPPED** **GRIPPED**
/grip/ /gripttt/ /gripttt/

| | |
|---|---|
| Tienes que agarrar la raqueta así. | **You need to grip the racket like this.** |
| La madre agarró la mano de su hijo al cruzar la calle. | **The mother gripped her son's hand on crossing the road.** |
| ¿Has agarrado siempre así la raqueta? | **Have you always gripped your racket like that?** |

**Nota:** La diferencia entre *"grab"* y *"grip"* es que el primero suele implicar un movimiento brusco antes de agarrar el objeto en cuestión.

## 207 GROAN GROAN GROAN — LAMENTARSE/QUEJARSE
**GROAN** **GROAN** **GROAN**
/groúnnn/ /groúnnnddd/ /groúnnnddd/

| | |
|---|---|
| ¡No te lamentes! ¡Que no es para tanto! | **Don't groan! It's not that bad!** |
| Se lamentaron cuando se enteraron de que el avión tenía retraso. | **They groaned when they found out the plane was delayed.** |
| Él se ha quejado de dolor a cada paso. | **He's groaned in pain with every step.** |

## 208

**GUARANTEE**    **GUARANTEED**    **GUARANTEED**     GARANTIZAR
/gárantii/       /gárantiiddd/       /gárantiiddd/

| | |
|---|---|
| ¡Te garantizo que te gustará! | I **guarantee** you'll enjoy it! |
| El vendedor les garantizó que no lo encontrarían más barato en ningún sitio. | The salesman **guaranteed** them that they wouldn't find it cheaper anywhere else. |
| Nos han garantizado que es seguro. | They've **guaranteed** us that it's safe. |

## 209

**GUARD**      **GUARDED**      **GUARDED**       VIGILAR
/gáaaddd/       /gáaadddiddd/       /gáaadddiddd/

| | |
|---|---|
| La policía vigila la entrada al 10 de Downing Street. | Police **guard** the entrance to 10 Downing Street. |
| La policía vigilaba el edificio. | Police **guarded** the building. |
| El edificio estaba vigilado por los soldados. | The building was **guarded** by soldiers. |

## 210

**GUESS**      **GUESSED**      **GUESSED**       ADIVINAR
/guésss/       /guésssttt/       /guésssttt/

| | |
|---|---|
| ¡A que no adivinas que compré! | You'll never **guess** what I bought! |
| Él adivinó que ella era de Francia. | He **guessed** she was from France. |
| Él ya ha adivinado la respuesta. | He's already **guessed** the answer. |

**211 GUIDE**     **GUIDED**     **GUIDED**     GUIAR
/gáiddd/     /gáidddiddd/     /gáidddiddd/

Él guía cinco o seis grupos al día.     **He guides five or six groups a day.**

El capitán guió el barco hasta el puerto.     **The captain guided the boat into the port.**

Guiaron al grupo por la ciudad.     **The group was guided around the city.**

---

**212 HAIL**     **HAILED**     **HAILED**     GRANIZAR
/hhhéil/     /hhhéilddd/     /hhhéilddd/

Parece que va a granizar otra vez mañana.     **Apparently it will hail again tomorrow.**

Ayer granizó durante todo el día.     **It hailed all day yesterday.**

¡No ha granizado así desde hace años!     **It hasn't hailed like this for years!**

---

**213 HAND**     **HANDED**     **HANDED**     PASAR
/hhhanddd/     /hhhándddiddd/     /hhhándddiddd/

Pásame un destornillador.     **Hand me a screwdriver.**

Ella me pasó un cuchillo y un tenedor.     **She handed me a knife and a fork.**

Ya le he pasado a él el documento.     **I've already handed him the document.**

### 214 HANDLE     HANDLED     HANDLED     ENCARGARSE
**/hhhándol/**     **/hhhándolddd/**     **/hhhándolddd/**

| | |
|---|---|
| Me encargo de todas las nuevas consultas en el trabajo. | **I handle all the new enquires at work.** |
| Mi colega se encargaba de las cuentas. | **My colleague handled the accounts.** |
| Mi abogado se encargó de la venta de mi casa. | **The sale of my house was handled by my lawyer.** |

### 215 HAPPEN     HAPPENED     HAPPENED     SUCEDER
**/hhhápennn/**     **/hhhápennnddd/**     **/hhhápennnddd/**

| | |
|---|---|
| Aquí sucede todo el tiempo. | **It happens all the time around here.** |
| ¿Qué sucedió? | **What happened?** |
| ¿Ha vuelto a suceder? | **Has it happened again?** |

### 216 HARASS     HARASSED     HARASSED     ACOSAR
**/hhharásss/**     **/hhharásssttt/**     **/hhharásssttt/**

| | |
|---|---|
| Él acosa a la gente hasta que cede. | **He harasses people until they give in.** |
| La banda acosó a los viandantes. | **The gang harassed passers-by.** |
| Hemos sido acosados por nuestros vecinos. | **We were harassed by our neighbours.** |

### 217 HARM HARMED HARMED HACER DAÑO
/hhháaammm/ /hhháaammmddd/ /hhháaammmddd/

Los residuos tóxicos dañan el medio ambiente.

Toxic waste harms the environment.

Él nunca le hizo daño a nadie.

He never harmed anyone.

¿Estás seguro de que nadie se ha hecho daño?

Are you sure no one was harmed?

### 218 HATE HATED HATED ODIAR
/hhhéittt/ /hhhéitttiddd/ /hhhéitttiddd/

Odio el queso.

I hate cheese.

Mis padres odiaban a mi primer novio.

My parents hated my first boyfriend.

¿Siempre has odiado bailar?

Have you always hated dancing?

### 219 HEAD HEADED HEADED DIRIGIR
/hhheddd/ /hhhédddiddd/ /hhhédddiddd/

Ella dirige un equipo de consultores.

She heads a team of consultants.

Roald Amundsen dirigió la primera expedición que alcanzó el Polo Sur.

Roald Amundsen headed the first expedition to reach the South Pole.

Él ha dirigido el departamento jurídico durante los dos últimos años.

He's headed the legal department for the last two years.

**220** **HEAL** **HEALED** **HEALED** CURAR(SE)
/hhhíial/ /hhhíialddd/ /hhhíialddd/

Su fractura tardó un mes en curarse. His fracture took a month to **heal**.

Su quemadura se curó con rapidez. His burn **healed** quickly.

Mi corte ya se ha curado. My cut has already **healed**.

**221** **HEAT** **HEATED** **HEATED** CALENTAR
/hhhíittt/ /hhhíitttiddd/ /hhhíitttiddd/

No tienes que calentar tu casa durante el verano. You don't have to **heat** your house in the summer.

Lo calenté bien antes de comérmelo. I **heated** it thoroughly before I ate it.

¿Has calentado los platos para la cena? Have you **heated** the plates for dinner?

**222** **HELP** **HELPED** **HELPED** AYUDAR
/hhhelp/ /hhhelpttt/ /hhhelpttt/

Mi hijo nunca ayuda en casa. My son never **helps** around the house.

Él ayudó a su hermano con los deberes. He **helped** his brother with his homework.

¿Has ayudado a tu hermana a recoger? Have you **helped** your sister tidy up?

**223**

**HOPE**      **HOPED**      **HOPED**      **ESPERAR**

/hhhoúp/      /hhhoúpttt/      /hhhoúpttt/

| | |
|---|---|
| Espero que haga sol. | I **hope** it'll be sunny. |
| Él esperaba estudiar inglés en Edimburgo. | He **hoped** to study English in Edinburgh. |
| Siempre he esperado un futuro mejor. | I've always **hoped** for a better future. |

**224**

**HUG**      **HUGGED**      **HUGGED**      **ABRAZAR**

/hhháaggg/      /hhháagggddd/      /hhháagggddd/

| | |
|---|---|
| Mi hija siempre abraza al gato. | My daughter always **hugs** the cat. |
| Él abrazó a su madre cuando la vio. | He **hugged** his mum when he saw her. |
| ¿Has abrazado ya a la abuela? | Have you **hugged** your granny yet? |

**225**

**HUM**      **HUMMED**      **HUMMED**      **TARAREAR**

/hhháammm/      /hhháammmddd/      /hhháammmddd/

| | |
|---|---|
| Él tararea mientras trabaja. | He **hums** while he works. |
| Él tarareó la melodía. | He **hummed** the tune. |
| Ella ha tarareado la misma canción durante la última hora. | She's **hummed** the same song for the last hour. |

| 226 | **HUNT** | **HUNTED** | **HUNTED** | CAZAR |
|---|---|---|---|---|
| | /hhháanttt/ | /hhháantttiddd/ | /hhháantttiddd/ | |

| Él caza conejos. | He hunts rabbits. |
|---|---|
| Cazaron zorros con sus perros. | They hunted foxes with their dogs. |
| ¿Has cazado alguna vez faisanes? | Have you ever hunted pheasants? |

| 227 | **HURRY** | **HURRIED** | **HURRIED** | DARSE PRISA |
|---|---|---|---|---|
| | /háarii/ | /háariiddd/ | /háariiddd/ | |

| ¡Vamos, date prisa! | Come on, hurry! |
|---|---|
| Me dí prisa para llegar al trabajo. | I hurried to get to work. |
| Me he dado prisa con la comida porque no quiero llegar tarde. | I've hurried my meal because I don't want to be late. |

| 228 | **IDENTIFY** | **IDENTIFIED** | **IDENTIFIED** | IDENTIFICAR |
|---|---|---|---|---|
| | /aidéntifai/ | /aidéntifaiddd/ | /aidéntifaiddd/ | |

| Tenemos que identificar el problema. | We need to identify the problem. |
|---|---|
| Identificaron la planta como una especie rara. | They identified the plant as a rare species. |
| Todavía no han identificado el cadáver. | The body hasn't been identified yet. |

## 229 IGNORE / IGNORED / IGNORED — NO HACER CASO

**229 IGNORE** **IGNORED** **IGNORED** NO HACER CASO
/ignóo/ /ignóoddd/ /ignóoddd/

| | |
|---|---|
| ¡No me ignores cuando te hablo! | **Don't ignore me when I'm speaking to you!** |
| Él ignoró los consejos de su madre. | **He ignored his mother's advice.** |
| Han ignorado el problema durante años. | **They've ignored the problem for years.** |

**230 IMAGINE** **IMAGINED** **IMAGINED** IMAGINAR(SE)
/imállinnn/ /imállinnnddd/ /imállinnnddd/

| | |
|---|---|
| Me imagino que mi hermano también vendrá. | **I imagine my brother will come too.** |
| Ella se imaginó relajándose en una playa preciosa. | **She imagined relaxing on a beautiful beach.** |
| Nunca me había imaginado que Praga fuera así. | **I'd never imagined Prague to be like that.** |

**231 IMPRESS** **IMPRESSED** **IMPRESSED** IMPRESIONAR
/immmprésss/ /immmprésssttt/ /immmprésssttt/

| | |
|---|---|
| Él tiene mucho empeño en impresionar a su nuevo jefe. | **He really wants to impress his new boss.** |
| El candidato impresionó a todo el equipo de entrevistadores. | **The candidate impressed the whole interview panel.** |
| Yo me quedaba realmente impresionado con su actuación. | **I was really impressed by his performance.** |

**232** **IMPROVE** **IMPROVED** **IMPROVED** MEJORAR
/immmprúuvvv/ /immmprúuvvvddd/ /immmprúuvvvddd/

Él quiere ir a Madrid para mejorar su español.

He wants to go to Madrid to **improve** his Spanish.

Ella mejoró su dieta para perder peso.

She **improved** her diet to lose weight.

Las notas de mi hija han mejorado este año.

My daughter's marks at school have **improved** this year.

---

**233** **INCLUDE** **INCLUDED** **INCLUDED** INCLUIR
/innnclúuddd/ /innnclúudddiddd/ /innnclúudddiddd/

Mi alquiler incluye todos los gastos.

My rent **includes** all bills.

Él incluyó una propina del 10% al pagar la cuenta.

He **included** a tip of 10% when he paid the bill.

Se incluyó a todo el mundo.

Everyone was **included**.

---

**234** **INCREASE** **INCREASED** **INCREASED** AUMENTAR
/innncríisss/ /innncríisssttt/ /innncríisssttt/

Creen que aumentará la popularidad del cantante.

They think the singer's popularity will **increase**.

Ella aumentó sus pulsaciones escribiendo hasta 55 palabras por minuto.

She **increased** her typing speed to 55 words a minute.

Los precios de las casas han aumentado de manera drástica durante los últimos meses.

House prices have **increased** dramatically in the past few months.

## 235 INFLUENCE   INFLUENCED   INFLUENCED   INFLUIR
**/ínnnfluensss/   /ínnnfluensssttt/   /ínnnfluensssttt/**

Las decisiones del jefe influyen sobre toda la empresa.

**The boss's decisions influence the whole company.**

Mi profesor de francés influyó en mi pasión por el idioma.

**My French teacher influenced my love of the language.**

Mis padres han influido una barbaridad sobre mí.

**My parents have influenced me enormously.**

---

## 236 INFORM   INFORMED   INFORMED   INFORMAR
**/ínnnfóommm/   /ínnnfóommmddd/   /ínnnfóommmddd/**

Nos complace informarle de que su solicitud ha sido aprobada.

**We are happy to inform you that you have been successful in your application.**

Les informé de mi decisión.

**I informed them of my decision.**

¿Te han informado sobre los cambios?

**Has anyone informed you of the changes?**

---

## 237 INJECT   INJECTED   INJECTED   INYECTAR(SE)
**/ínnnllécttt/   /ínnnlléctttiddd/   /ínnnlléctttiddd/**

Él tiene que inyectarse insulina todos los días.

**He has to inject insulin every day.**

El médico le inyectó la vacuna al paciente.

**The doctor injected the patient with the vaccine.**

El dentista no ha inyectado la anestesia todavía.

**The dentist hasn't injected the anaesthesia yet.**

## 238 | INJURE     INJURED     INJURED     HACERSE DAÑO / HERIR(SE)
/ínnnlla/     /ínnnlladdd/     /ínnnlladdd/

| | |
|---|---|
| Se va a hacer daño si no tiene cuidado. | He'll injure himself if he's not careful. |
| Él se hizo daño en la rodilla jugando al fútbol. | He injured his knee playing football. |
| Nadie se hizo daño en el accidente. | No one was injured in the accident. |

## 239 | INSTRUCT     INSTRUCTED     INSTRUCTED     INSTRUIR   1
/ínnnstráacttt/     /ínnnstráactttiddd/     /ínnnstráactttiddd/

| | |
|---|---|
| Él instruye a la gente sobre salud y seguridad. | He instructs people in health and safety. |
| Él instruyó al ejército en técnicas de supervivencia. | He instructed the army in survival skills. |
| Se instruye a los nuevos empleados sobre la política de la empresa. | New employees are instructed in company policy. |

## 240 | INSTRUCT     INSTRUCTED     INSTRUCTED     ORDENAR   2
/ínnnstráacttt/     /ínnnstráactttiddd/     /ínnnstráactttiddd/

| | |
|---|---|
| Ella te ordenará que esperes. | She'll instruct you to wait. |
| Mi madre me ordenó que fuera directo a casa después del colegio. | My mum instructed me to go straight home after school. |
| Nos ordenaron que no fuésemos a esa zona de la ciudad. | We were instructed not to go to that part of the city. |

# GUÍA DE PRONUNCIACIÓN

En Vaughan prestamos especial atención a la correcta pronunciación, y la trabajamos considerándola desde la perspectiva del
hispanohablante. Por este motivo, hemos creado un sistema que
utiliza la fonética castellana para aproximarse lo más posible a la
pronunciación inglesa. Asimismo verás que utilizamos una tilde
para indicar dónde recae el énfasis de la palabra. Por ejemplo,
**"disprove"** se pronunciaría **/disssprúuvvv/**.Desde luego, hay gran
variedad de acentos ingleses y no existe un único acento "correcto".
Sin embargo, en nuestros libros nos ceñimos a una pronunciación
inglesa que consideramos "neutral".

En las siguientes páginas te presentamos una tabla con los
"símbolos fonéticos" que hemos empleado en este libro y unas
anotaciones para que entiendas su correcta pronunciación.
Además te ofrecemos ejemplos de palabras inglesas en las que
se reproducen dichos sonidos.

En términos generales, recomendamos que tengas en cuenta los
siguientes consejos:

- **La exageración**: aunque sea una obviedad, no olvides nunca que
  cuando te expresas en inglés estás hablando otro idioma. Por
  este motivo la boca tiene que comportarse de manera distinta y
  los movimientos de la lengua han de ser otros. Por lo general,
  el inglés suele requerir sonidos más fuertes que el castellano.
  Por eso recomendamos que exageres mucho los sonidos. Así
  conseguirás que tu inglés se aproxime más al de un nativo.

- **La imitación**: todo español puede imitar a la perfección al típico
  inglés tratando de chapurrear castellano. ¿Por qué os sale tan
  bien? Porque en este caso domináis las palabras y estructuras,
  y sólo tenéis que centraros en los sonidos. En cambio, cuando
  os toca hablar en inglés os centráis tanto en decir las cosas
  correctamente que olvidáis por completo la pronunciación. Por
  eso recomendamos enérgicamente que "te metas con nosotros",
  es decir, ¡¡trata de imitarnos!! Así conseguirás sacar muchísimo
  mejor esos sonidos nuestros que tanto te cuestan.

| Símbolo | Guía de pronunciación | Ejemplos |
|---|---|---|
| /a/ | ¡Este sonido es fácil! Es igual que la 'a' castellana. Pero ojo, porque lo empleamos también para combinaciones de letras como '-or' y '-er' que encontrarás al final de muchas palabras inglesas. | ran, never, doctor |
| /aa/ | Éste es un sonido de vocal parecido al anterior pero un poco más largo. Sin embargo, en esta ocasión hay que pronunciar con la boca bien abierta. El truco: al articular el sonido intenta bajar la mandíbula bien hacia el pecho, como si quisieras que chocasen ambas partes del cuerpo. | run, comfortable, love, touch |
| /aaa/ | Es un sonido parecido al de /aa/ pero incluso más largo: hay que abrir bien la boca, bajar la mandíbula y prolongar el sonido de la 'a' muchísimo. ¡Imagina que estás con el médico y te está revisando la garganta! Este sonido lo encontrarás, por ejemplo, con la combinación de las letras '-ar', en donde por supuesto, no debe existir ni rastro de ese sonido de 'r' a la castellana. | car, start, dance, answer |
| /ai/ | Como muchos sonidos vocálicos ingleses, éste es un sonido más largo que su equivalente en castellano: es casi dos veces más largo. Si te sientes tonto/a al pronunciarlo, ¡es probable que vayas por el buen camino! | try, time, I, cycle, buy, sigh, eye |
| /au/ | ¡Este sonido es fácil! Pronuncia /au/ de igual manera que lo harías en castellano. Fíjate en que solemos encontrarlo con la combinación de vocales 'ou'. | count, out, sound |

| Símbolo | Guía de pronunciación | Ejemplos |
|---------|----------------------|----------|
| /b/ | El sonido de la 'b' inglesa es mucho más fuerte que el de la 'b' castellana. Además, recuerda que no tiene nada que ver con el de nuestra 'v' (en inglés diferenciamos mucho ambos sonidos). Lo articulamos cerrando la boca de manera hermética y liberando el sonido de la forma más explosiva posible. | **b**ring, **b**oy, **b**ut |
| /bbb/ | Este sonido es igual al que acabamos de ver, /b/. Entonces, ¿por qué ponemos tres 'b'? A veces lo transcribimos así porque consideramos que el hispanohablante mejoraría notablemente su pronunciación si recordase el énfasis que hay que poner en esa 'b' explosiva. ¡Sobre todo lo encontrarás en la última sílaba de algunas palabras! | ba**b**y, descri**b**e, **b**uy |
| /c/ | ¡Otro sonido que es igual en inglés y en castellano! | **c**an, **c**ould, **c**all |
| /ch/ | El sonido /ch/ es el mismo que en castellano, pero también lo hemos empleado en los finales de algunas palabras para aproximarnos al sonido de nuestra 'g' suave. | **ch**ange, dama**g**e |
| /d/ | La 'd' inglesa no tiene nada que ver con la castellana. Se trata de una consonante muy fuerte, que producimos con la lengua tocando la parte superior de la boca, justo detrás de los dientes. Es decir, la lengua no sale de la boca al producir este sonido. Recuerda: imítanos y te saldrá de maravilla. | **d**inner, **d**ance, **d**ay |
| /ddd/ | ¿Por qué ponemos tres 'd'? Porque si os cuesta a los hispanohablantes pronunciarlo bien al principio de las palabras, ¡es aún peor en los finales! Ponemos /ddd/ para recordarte que tienes que pronunciar esa 'd' muy fuerte. | sen**d**, en**d**, da**d** |

| Símbolo | Guía de pronunciación | Ejemplos |
|---|---|---|
| /dz/ | Este sonido se pronuncia como una 'z' suave castellana: hay que colocar la lengua entre los dientes y sacarla ligeramente de la boca. ¡Ojo!, porque tenemos otro sonido para la combinación de letras 'th': véase la /z/ más adelante. | the, these, this, with |
| /e/ | Es igual a la 'e' castellana. | confess, extra, correct |
| /ee/ | Se trata de un sonido largo que no existe en castellano. Sin embargo, con la combinación de letras que te damos, /ee/, vas a llegar a aproximarte mucho. Pronúncialo como si fuese una 'e' apagada que se produce en la garganta. | turn, sir, surgeon, learn, serve, work |
| /eee/ | Otro sonido vocálico que nunca escucharás en castellano. Aquí estamos ante una 'e' abierta y exageradamente larga. Su sonido se consigue bajando ligeramente la mandíbula. | hair, care, share, wear |
| /ei/ | ¡Pronuncia /ei/ igual que lo harías en castellano! | hate, same, day |
| /f/ | ¡Estamos de suerte! La 'f' se pronuncia casi igual en ambos idiomas, siendo un pelín más exagerada en inglés. | fall, fit, find |
| /fff/ | El sonido /f/ casi no lo encontramos al final de las palabras castellanas; en cambio, es muy común al final de las inglesas. Por este motivo lo transcribimos /fff/, para darle énfasis y asegurarnos de que lo pronuncias correctamente. | cough, laugh |
| /g/ | Tal vez nuestra 'g' se pronuncie un poquito más fuerte, pero este sonido es más o menos igual a la 'g' que encontramos en palabras castellanas como 'ganar', 'guante'... etc. | green, go, gas |

| Símbolo | Guía de pronunciación | Ejemplos |
|---------|----------------------|----------|
| /ggg/ | Este sonido se pronuncia igual que el anterior, /g/, pero empleamos la forma /ggg/ en los finales de ciertas palabras donde la consonante en cuestión va precedida por un vocal. En estos casos os suele costar muchísimo pronunciarla bien y así te recordamos el esfuerzo que debes hacer. Es un sonido cerrado y limpio, parecido al de una 'k'; y realmente es mejor pronunciarla como una 'k' que de la forma que lo hacen muchos hispanoparlantes... ¡que parecen la interferencia de las radios antiguas cuando se sintonizaban! | dra**g**, bi**g**, e**gg**, le**g** |
| /hhh/ | La 'h' inglesa es un sonido aspirado que no existe en castellano, y es por eso que lo escribimos /hhh/. Para pronunciarlo bien imagínate que estás limpiando tus gafas o un espejo con el vaho de tu boca. En el momento en que soplas el cristal para empañarlo estarás produciendo nuestro sonido de la 'h'. No se produce en la garganta y no lleva rastro de la 'j' castellana. ¡Es mucho más suave! | **h**ello, **h**ouse, **h**appy |
| /i/ | La 'i' inglesa es mucho más corta que la 'i' castellana. Además nunca hacemos una 'i' tan clara como la que haceis los hispanohablantes; la nuestra tiene un sonido mucho más gutural. Para ayudarte, puedes intentar pronunciala como si tuvieras un chicle en la boca y cortar su sonido en seguida. La cara debe permanecer inmóvil, así que no sonrías al pronunciarla como hacéis con la 'i' castellana. Su correcta pronunciación es muy importante porque puede dar lugar a confusiones con ciertas palabras. Por ejemplo, *"it"* (ello) puede convertirse en *"eat"* (comer). | w**i**ll, **i**t, r**i**ch, b**i**g |

| Símbolo | Guía de pronunciación | Ejemplos |
|---------|----------------------|----------|
| /ié/ | Utilizamos esta combinación de letras para facilitarte pronunciar nuestra '**y**' cuando ésta va seguida por una '**e**'. ¡Ojo! La lengua no interviene en absoluto en la elaboración de este sonido, por lo que no tiene nada que ver con vuestra '**elle**'. | **ye**s, **ye**ll, **ye**sterday |
| /ii/ | A diferencia del sonido /i/, este sonido sí es más largo que la '**i**' castellana, así que sonríe al pronunciarlo y ¡toma tu tiempo! | h**e**, dr**ea**m, s**ee**m, bel**ie**ve, rec**ei**ve |
| /iú/ | El sonido que se produce con esta combinación de letras también dura más que en castellano, así que ¡no tengas prisa en decirlo! Una vez más, no se debe oír ni rastro de la '**elle**' castellana. | **u**se, contin**ue**, **you**, conf**u**se |
| /j/ | Este sonido no lo verás nunca en las pronunciaciones fonéticas porque ¡no existe en inglés! Nuestra jota no tiene nada que ver con la jota castellana. | |
| /k/ | Se trata de un sonido bastante fuerte que siempre ha de sonar claro y alto. Si no se oye, ¡puede llevar a la confusión entre palabras! Por ejemplo, sin este sonido, *"like"* (gustar) se convierte en *"lie"* (mentir). | li**k**e, la**k**e, soc**k** |
| /l/ | Cuando una palabra acaba en /l/ el sonido que producimos se acerca a la '**l**' catalana. | **l**ive, cyc**l**e, smi**l**e |
| /ll/ | ¡Atención! ¡Este sonido se pronuncia como la '**ll**' castellana fuerte! De hecho es muy parecido al sonido /**ch**/. Se produce con la lengua plana en la parte superior de la boca, pero su sonido sale de la garganta. | **j**ump, **j**ob, mana**g**er, pro**j**ect |

| Símbolo | Guía de pronunciación | Ejemplos |
|---|---|---|
| /ll*/ | Este sonido no existe en el castellano de España, sino en el castellano de Argentina. Es el sonido de la 'elle' a la argentina, y también suena como la 'j' francesa que encontramos, por ejemplo, en *"je"*. Al pronunciar este sonido ¡imagínate que estás en las calles de Buenos Aires! | leisure, pleasure |
| /m/ | La 'm' inglesa es más o menos igual a la castellana cuando viene al principio de una palabra. Imagina que estás a punto de comer alguna comida riquísima: ¡'mmmmm'! | more, man, mix |
| /mmm/ | Si la 'm' inglesa no es tan distinta de la 'm' castellana, ¿por qué empleamos aquí tres 'm'? Es difícil encontrar el sonido de la 'm' al final de palabras castellanas, mientras que es algo bastante habitual en las palabras inglesas. Esto hace que cuando los hispanohablantes pronuncian palabras inglesas que acaban de esta manera, casi hacen desaparecer esa 'm' final importantísima. Por eso escribimos /mmm/, para recordarte que hay que cerrar bien la boca y hacer vibrar tus cuerdas vocales para que pueda oírse muy claramente. | mum, come, I'm, some |
| /n/ | Este sonido no te costará nada porque es igual en ambos idiomas. | nice, new, need |
| /nnn/ | ¡¿Otra vez con tres letras?! ¡Sí! Porque, una vez más, os cuesta pronunciar la 'n' cuando ésta viene al final de una palabra. Es un recordatorio para que te esfuerces y llegues a decirlo bien. Un buen truco (que también puedes aplicar al sonido /mmm/) es imaginar que hay una 'a' casi imperceptible justo detrás de la 'n': *"noun(a)"*, *"fun(a)"*... etc. De este modo te obligarás a pronunciar bien clara la 'n'. | noun, none, run |

| Símbolo | Guía de pronunciación | Ejemplos |
|---|---|---|
| /o/ | ¡Bien! Otro sonido que es igual en ambos idiomas. | copy, coffee, contact |
| /oo/ | ¡Éste es un sonido larguísimo! Forma una 'o' relajada con los labios y prolonga ese sonido durante más tiempo del que te parezca natural. | all, draw, or, wore, your, talk, water, bought |
| /oú/ | Es un sonido vocálico bastante largo. Lo producimos haciendo con los labios la forma de la letra 'o' bastante estrecha mientras soltamos el sonido. ¡Piensa en cómo un "guiri" diría 'olé' y lo tienes! | don't, close, home, show |
| /p/ | La 'p' inglesa es más fuerte que la 'p' castellana. Y como la 'b', la producimos cerrando la boca de manera hermética y liberando el sonido de la forma más explosiva posible. | play, clap, pick |
| /r/ | En vez de con la lengua, la 'r' inglesa se produce con la boca. Para pronunciarla correctamente, toca los dientes superiores con la parte interior del labio inferior mientras sacas morritos. Además, la lengua tiene que estar colocada bastante más atrás que cuando pronuncias la 'r' castellana. Es decir, tiene que estar lejos de los dientes. | right, wrong, try |
| /s/ | Es una 's' suave o incluso vaga, muy parecida a la 's' castellana que encontramos en los plurales. El sonido es menos fuerte que el /sss/ descrito a continuación, y está a medio camino entre la /sss/ de una serpiente y el /zzz/ de una abeja. | phones, desert, washes |

| Símbolo | Guía de pronunciación | Ejemplos |
|---------|----------------------|----------|
| /sss/ | Ésta es una 's' fuerte, más o menos parecida a la que utilizáis al principio de palabras en castellano, como por ejemplo 'silla'. La dificultad para muchos de vosotros es pronunciarla correctamente cuando va seguida de una consonante, como en el caso de la palabra "stop": tenéis la tentación de anteponer una 'e' y decir /estop/. Empleamos las tres 's' para recordarte el esfuerzo que debes hacer al pronunciarla. Para conseguir el sonido /sss/ piensa en una serpiente: tu lengua debe tocar los dientes inferiores. ¡Y no vale decir /esss/! | same, beside, dance, stop |
| /t/ | La 't' inglesa tiene un sonido duro. Tienes que evitar que tu lengua se coloque entre los dientes. En vez de esto, sitúala justo detrás de los dientes superiores, tocando la parte superior de la boca. Piensa una vez más en cómo diría un inglés "Quiero tomar una taza de té". | teacher, try, tea |
| /ttt/ | ¿Por qué empleamos tres 't' a veces? ¡Para recordarte que la 't' no se pronuncia igual en inglés que en castellano! En estos casos se trata de un sonido mucho más fuerte. Para la mayoría de hispanoparlantes los verdaderos problemas de pronunciación ocurren al final de las palabras, así que en estos casos solemos recurrir a /ttt/. | taught, short, cost |
| /u/ | Este sonido no es igual que la 'u' castellana. De hecho no existe en castellano. Es más corto y se hace en el fondo de la boca. Es un sonido cerrado y de poco aire, así que córtalo en la misma garganta antes de liberarlo completamente. | pull, book, good |

| Símbolo | Guía de pronunciación | Ejemplos |
|---------|----------------------|----------|
| /uu/ | Este sonido es como la 'u' castellana, pero más largo. Te recordamos esto poniéndote dos 'u'. | move, cool |
| /vvv/ | Nuestra 'v' se pronuncia de forma muy parecida a la 'f' pero sin ejercer tanta presión con los labios. Para producir su sonido correctamente hay que rozar los dientes superiores con el labio inferior, haciendo vibrar el labio al contacto con los dientes. ¡Ojo! Los hispanohablantes tenéis muchas dificultades para conseguir este sonido, quizá porque vosotros apenas diferenciáis entre la 'b' y la 'v'. Nosotros sí lo hacemos, de hecho nos resultan totalmente distintas. Por eso hemos colocado tres 'v', para enfatizar el esfuerzo que debes realizar siempre que te encuentres con esta letra. | very, never, vase |
| /x/ | ¡Igualita a una 'x' bien pronunciada en castellano! | fix, fax, mixture |
| /y*/ | Se pronuncia como una 'y' gaditana: es muy suave y para producirla uno tiene que tener la lengua plana en la parte inferior de la boca. ¡La lengua no debe tocar los dientes! ¡Imagínate que estés en la playa de esta ciudad sureña! | layer, player |
| /z/ | Empleamos /z/ en nuestra transcripción fonética para uno de los dos sonidos que nacen de la combinación de las letras 'th' (el otro sonido es /dz/, que ya vimos anteriormente). Cuando ves el símbolo /z/ tienes que producir una 'z' fuerte: coloca la lengua entre los dientes y ¡expulsa el aire fuerte! | think, three, through |